COCINA CARMELA

El papel utilizado para la impresión de este libro ha sido fabricado a partir de madera
procedente de bosques y plantaciones gestionadas con los más altos estándares ambientales,
garantizando una explotación de los recursos sostenible con el medio ambiente y beneficiosa para las personas.

Cocina Carmela
Historias, sabores y pasiones de una chef mexicana extraordinaria

Primera edición: noviembre, 2025

D. R. © 2025, Gabriela Ruiz Lugo

D. R. © 2025, derechos de edición mundiales en lengua castellana:
Penguin Random House Grupo Editorial, S. A. de C. V.
Blvd. Miguel de Cervantes Saavedra núm. 301, 1er piso,
colonia Granada, alcaldía Miguel Hidalgo, C. P. 11520,
Ciudad de México

penguinlibros.com

D. R. © PRHGE/Amalia Ángeles, por diseño de interiores
D. R. © Ana Lorenzana, Laura de la Torre, Playadura, por fotos de interiores

ISBN: 978-607-386-747-4

Impreso en México – *Printed in Mexico*

Este libro se terminó de imprimir en noviembre 2025 en los talleres de Offset Santiago, S.A. de C.V.

COCINA CARMELA

chef

GABY RUIZ

*Historias, sabores y pasiones
de una chef mexicana
extraordinaria*

DEBATE

A Martina, mi Pantera de miel

ÍNDICE

Introducción 11
Olor a tierra mojada 14

1. **Inicio en la cocina** 17
   El aroma de los sentimientos 40
2. **El destino tiene sus propios planes** 43
   Habrá días mejores 62
3. **Un cambio de vida: Carmela y Sal** 65
   Muchos mundos en uno 84
4. **Hablemos de negocios** 87
   El sonido del corazón 102
5. **Del campo y el mar a la mesa** 105
   Vaquita linda y hermosa 118
6. **Más allá de la cocina** 121
   Un tesoro 141
7. **La sinestesia: sentidos y sabores** 145
   El ciclo de la vida 164
8. **Cocinando canciones** 167
   Carmela curandera 186
9. **Mujer, madre, chef** 189

Recetas 201
Mi temporada favorita 241
Epílogo. Una industria colectiva 245
Carmela y Sal 250
Agradecimientos 253

INTRODUCCIÓN

Esta es una historia que comienza hace muchos años,
en medio del calor húmedo de Comalcalco, Tabasco,
mi lugar de origen, con el olor de la tostadora de
cacao y los chiles tatemados, el día que descubrí que
la comida puede ser un abrazo al alma cuando más
lo necesitamos, que no hay sueños imposibles sino
distintas rutas para llegar a ellos, y que ya sea por
medio de un molcajete o una licuadora, el alimento
se transforma y se vuelve parte de una experiencia
única. Escribí este libro pensando en mis recetas
favoritas, aquellas que se han quedado en el gusto
de los comensales y me han otorgado muy buenos
momentos desde que abrí mi primer restaurante,
pero también en cada una de las personas que han
formado parte de más de dos décadas entre las
cocinas propias y ajenas, de los chefs que fueron
generosos durante mis primeros días con el mandil
y confiaron en mí, y en mis nuevos grandes amigos,
unidos por el gusto de compartir platillos, canciones
y crear memorias juntos.

Rafa, mi compañero, socio y esposo, quien ha
caminado conmigo desde los primeros días cuando
decidimos emprender un negocio con pocos recursos
y muchos sueños, puede dar fe de que en estas dos
décadas nos hemos reído, hemos llorado, estado al

borde del colapso, nos hemos emocionado y arriesgado a cambiar de ciudad con tal de seguir un propósito que continúa en construcción, ahora de la mano de nuestra pequeña Martina. Carmela y Sal, Vuela Carmela, Vuelve Carmela y varios emprendimientos en conjunto son el resultado de un trabajo enorme en el que muchas voluntades nos dan confianza, soporte y ánimo, unidos todos por la fe que le tenemos a la gastronomía. Ponerme el mandil ha sido la mejor decisión en una vida llena de contrastes, cuyo laboratorio tiene ollas, cucharas, cuchillos y fuego.

Hace tiempo creé el personaje de Carmela, que está presente en mi vida con mucha fuerza, no nada más por ser el nombre de mis proyectos culinarios, sino por ser una parte esencial de mí, alguien de quien tomo ideas y sentimientos, o yo le doy los míos, para cocinar.

A través de mi personaje puedo tener la libertad de contar historias y planear recetas muy peculiares. Cuando Carmela se enamoró de un muchacho, *lo cocinó*, preparándole un platillo con canela, cacao, flores, con sabores y aromas muy intensos que contaban su historia de amor y después la despedida, porque a Carmela así le supo el enamoramiento y después la separación. De esta forma me gusta *cocinar a las personas*, imaginando las historias posibles detrás de ellas.

Siempre quise contar las historias de Carmela y mi cocina, acercar a los comensales a los procesos que no se ven, pero mantienen viva la gastronomía, rendir un pequeño homenaje a nuestros productores locales y mostrarles un poquito de mi pasión por los sabores y las sensaciones, la sinestesia, una condición neurológica que hace que perciba una sensación con un sentido que no corresponde (escuchar sabores), la cual me acompaña desde pequeña y hoy es parte fundamental de mi estilo como cocinera. He sido muy dichosa con cada nuevo paso en el extraordinario arte de alimentar desde el corazón, y por el cariño que le tengo a esta tarea tan bondadosa como compleja es que también les cuento cómo han sido los días difíciles, los rechazos y los fracasos que he lamentado y me han ayudado a fortalecer el corazón y las ganas por continuar cocinando.

Cocinar me ha llevado a lugares que de niña tan solo hubiera soñado: del otro lado del mundo, con programas a través de la pantalla y mediante eso llegar a muchísimas personas; me dio la oportunidad de trabajar con chefs y cocineros extraordinarios en una cocina de leña o visitar las zonas de producción de los insumos que le dan alma a nuestros alimentos. Algo así no podía quedarse solo conmigo y lo puse en palabras, recordando con cariño cada momento, volviendo a sus sabores y olores, que quizás ahora puedan traspasar estas páginas. Con el paso del tiempo he comprobado que mis sueños no eran imposibles, que las estrellas también se alcanzan a través del fuego, los sartenes y los condimentos, principalmente la sal, con buena música de fondo.

Ojalá cada receta e historia plasmada aquí viva en las cocinas de lectores y comensales, que el plátano, el coco y la sal inunden sus paladares y los de sus seres queridos, que con las cucharadas viajemos a las cocinas de nuestras abuelas y nos acordemos qué canción sonaba cuando le dimos el primer bocado a nuestro platillo favorito, o empecemos una nueva tradición en familia, redescubriendo la magia en los sabores más sencillos. Cocinar con los sentimientos es un acto que nos acerca a lo más sensible del ser humano, a la risa genuina e incluso puede conmovernos hasta las lágrimas; cocinar es compartir y crear un nuevo lenguaje universal porque alimentar y recibir alimento es lo que nos tiene aquí el día de hoy, creando lazos para toda la vida.

Soy Gaby Ruiz, chef, mamá de Martina, amante de la música y creadora de sabores. Los invito a que página a página recorramos juntos este camino en el que los sabores y las emociones van de la mano. Les aseguro que con un toque de sal la vida sabe mucho mejor.

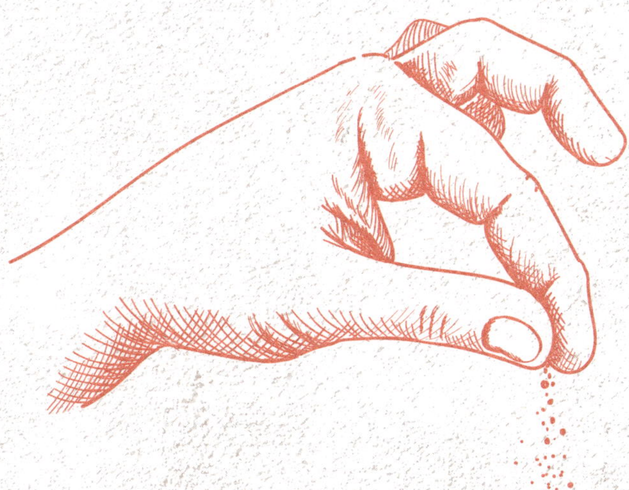

OLOR A TIERRA MOJADA

"Carmelita, ¡Carmelaaa!", me gritan mi mamá y mi abuelita todas las mañanas.

Es muy temprano y tengo que ir a la escuela, pero a esa hora me gusta salir al patio y aspirar muy profundo para llenarme los pulmones del olor a tierra mojada ¡uno de mis aromas favoritos!, porque solo así se puede iniciar el día de buenas. ¿Que quién soy? A veces ni yo lo sé, pero sí puedo contarte lo que me gusta: me encanta andar descalza por el patio de casa de mi abuelita y correr hasta la parcela, donde mi abuelito siembra maíz, calabazas y algunos chiles. Me gusta ir con él a alimentar a los pollos y ayudarle a recoger los huevos de las gallinas; me encanta ver cómo enciende la leña y coloca en el fuego una enooorme olla ¡que parece el caldero de las brujas! De repente, cuando veo esa olla, me imagino que puedo cocinar algunos conjuros, que a veces, en las noches de luna llena me transformo en alguien muy poderosa y… Bueno, como iba diciendo, lo que me hace más feliz cada mañana es sentir el aroma del chocolate caliente porque me endulza el corazón y me saca una sonrisa.

A veces siento que soy una viejita que cuenta muchas historias, pero veo mis manos tan jóvenes, así de pequeñas, y sé que me faltan muchos años para llenarlas de las flores que recojo en el jardín de mi abuela Chuncha, para moler el maíz y hacer unas ricas tortillas como las que prepara mi mamá, para aprender a tocar la guitarra como ella o pasar las tardes dando vueltas en el coche de mi papá. Carmela también es el nombre de una niña taaan pero tan pequeña, que antes podían meterla a una jaula de pájaros para que ya no se escapara a la hora de tomar su medicina.

Vivo en un lugar mágico donde el sereno de la madrugada moja la tierra y por eso se siente muy bien andar descalza; en mi pueblo, cuando las hojas de los árboles se caen, forman un tapete hermoso, con todos los matices de colores entre verde y café que te puedas imaginar, ¡es como ir encima de una alfombra de Medio Oriente!, solo que mucho más tropical. Aquí donde vivo hace calor la mayor parte del año y me encanta porque voy al río, y aunque no puedo meterme muy hondo porque me ahogo, si extiendo los brazos para flotar siento que estoy en otra dimensión, por eso dicen que Comalcalco es mágico. Es un lugar tan increíble que si prestas atención al silencio de la noche, puedes oír el canto de algunos animales, y a mí me gusta creer que hacen bailes de madrugada alrededor de una fogata y lo que se escucha es su alegría.

¿Te cuento algo? El otro día vi una sirena mientras paseaba en lancha con mis abuelitos; dicen que son las protectoras del pantano y ellas, en lugar de confundir a los marineros del océano, se encargan de tejer trenzas con las raíces del manglar. Hace tiempo alguien me dijo que las sirenas eran seres terribles que te hechizaban con su canto y te volvían loco; yo no sé si es verdad o mentira, pero me da mucha curiosidad. Estas sirenas son hermosas, tienen el cabello muy largo y lo adornan con flores chiquitas, sus ojos son verdes como los platanales y tienen una cola tornasol que se confunde con el color del río; además, les gusta el sonido de la guitarra, por eso le pedí a mi mamá que un día paseáramos por el río tocando y cantando una canción, como un regalo para la sirena que vive en este. Estoy segura de que a la sirena le gustó, porque días después, me encontré uno de sus peines de madera, quizás me lo dejó ahí como regalo. Ahora guardo ese peine en mi cajita de tesoros y solo lo uso en ocasiones especiales.

En mi pueblito hermoso el tiempo pasa leeento lento y a veces muy rápido. El otro día estaba acostada en la hamaca que me puso mi mamá, con la mirada hacia el cielo y vi algo muy chistoso, un cerdito con alas. Todavía era pequeño, estoy segura de que se aburrió de estar con los demás cerdos y salió a pasear porque la vida es más divertida con los pájaros que en la granja. Me pregunto hasta dónde habrá llegado el cerdito, si lo agarró el aguacero de la tarde o se quedó atorado en un árbol y alguien tuvo que ayudarle a bajar. La próxima vez que lo vea volando iré por mis binoculares de exploradora y lo seguiré con cuidado, porque dicen que a los cerdos con alas les gusta la privacidad y no quiero molestarlo.

Por las tardes espero que caiga la lluvia, y aunque a veces su sonido me apachurra un poco el corazón porque me da nostalgia, me gusta asomarme entre los barrotes de la ventana de la sala e imaginar que voy en un barquito de papel que hice con una de las hojas de mi cuaderno de matemáticas, y en el barquito recorro todo el pueblo, desde la plaza principal hasta las calles que llevan a las parcelas y a una laguna, donde se reúnen las sirenas de agua dulce a contarse sus secretos. Este pueblo tiene todo, principalmente magia y uno que otro encantamiento.

—¡Carmelaaaa! —grita una y otra vez mi mamá porque yo sigo descalza regando las plantas del jardín, ¡es que a esta hora hay que darles los buenos días para que florezcan más hermosas que nunca!

Soy Carmela y estoy segura de que mi nombre sabe un poco a cacao con

un poquito de sal, que mi nombre es como un atole con sabores que te inundan el paladar y te dan un abrazo en el alma durante las tardes lluviosas que dejan la tierra mojada. Carmela, Carmela, sabe a la oscuridad de la noche, la magia del anís y el cardamomo y el picante de un conjuro. ¿Ustedes saben qué sabores tiene el suyo?

INICIO EN LA COCINA

Siempre me gustó ver a la gente comer. Observar sus reacciones y emociones cuando prueban un bocado es algo que disfruto mucho. Me causa fascinación. Es por ello que mi relación con la cocina se dio desde uno de los sentidos principales: la vista. Recuerdo que en mi infancia, cuando mi papá regresaba del trabajo, traía en la frente el cansancio y en los hombros el peso del día. Bastaba verlo sentarse a la mesa para que el milagro ocurriera: el primer bocado le aclaraba el ceño, la risa regresaba a su boca y de pronto nos contaba, ligero, cómo le había ido. La comida no solo lo alimentaba: lo devolvía a nosotras.

Siempre relacioné la comida con un sentimiento de bienestar, con hacerle un bien al cuerpo. Una buena comida, cuando la vida aprieta, se vuelve candil en medio de la sombra. No solo aquieta el cuerpo que duele, también soba el alma lastimada. El bocado tibio te reconcilia con la naturaleza, hace la realidad más llevadera, como si cada vez que se prueba algo hubiera un recordatorio de que todo puede saberse distinto, más amable,

más humano. Fui testigo del poder sanador de la
comida desde que era pequeña. Mi hermana es dos
años más chica que yo. Cada que ella lloraba, yo
veía que mi mamá la calmaba con comida. Era algo
que me causaba curiosidad, ver que llanto, llanto,
llanto, y una tortillita con sal y ya, como por arte de
magia, dejaba de llorar. Con el tiempo me adueñé
de ese papel, aunque fuera en juegos. Reunía a los
amigos de la colonia y a mi hermana en torno a una
mesa imaginaria, servía sopas de hojas con un poco
de tierra, que en mi fantasía eran manjares, y les
preguntaba si les gustaban. Todos respondían que sí,
que estaban buenísimas. Y yo, feliz, creía de verdad
que un puñado de hojas podía devolver la alegría.
Así empecé a asociar la comida con el cuidado,
a demostrarles a los demás que me importaban.

*Con los años entendí que mi vocación
era muy sencilla y a la vez profunda:
cuidar a la gente. Descubrí que
podía decir "te quiero" a través de un
plato, que el esmero en preparar un
alimento era también una caricia.*

Aprendí que los seres humanos plasmamos nuestras
celebraciones y recuerdos alrededor de la mesa,
un bocado compartido sostiene la memoria de la
nostalgia y la felicidad.

La comida y las emociones van de la mano, por eso pedimos nuestro plato favorito en ocasiones especiales y cuidamos mucho que los malos momentos no nos arruinen la experiencia de comer algo que amamos. Dar ese primer bocado y que te brillen los ojos porque te recuerda a tu mamá, a tu abuelita, a los años de infancia o un instante en particular es una experiencia única. Cada vez que pruebo una sopa de verduras, ya sea muy sencilla o una mucho más elaborada, regreso a ese sentimiento reconfortante, a instantes de cuando alguien nos cuidaba durante o después de alguna enfermedad, a los caldos que te levantan luego de una fiesta y a aquella pequeña Gaby que recreaba lo que le servían en casa.

Hoy, que la gastronomía es parte importante de mi vida, pienso en aquellos primeros instantes frente a la estufa, cuando me atrevía con recetas simples, pero cargadas de ilusión. Cada movimiento era un intento por darle forma al entusiasmo, un deseo ferviente de que aquello, por más sencillo que fuera, trasmitiera un sentimiento.

Al igual que en muchos hogares, en mi casa la comida era un momento importante, porque comemos no solo para cubrir una necesidad básica, sino para crear vínculos con quienes nos rodean.

Mi mamá, artista formada en música; mi papá, ingeniero. Yo, que crecí entre la creatividad desbordada y la precisión en los procesos, vi en la cocina un laboratorio, un estudio, un lugar para decir quién soy.

Imaginé, disfruté y empecé a cocinar como si continuara siendo un juego en el que se involucrarían más participantes. Mi mamá recuerda, con especial ternura, que a los nueve años la ayudé a preparar una cena de Navidad: una pierna de cerdo adobada. Ella dice que estuvo deliciosa, que yo le sugerí qué poner en cada plato, cómo combinar sabores y hasta me atreví a cambiar un poco las recetas. Yo lo recuerdo como mi primer contacto con la cocina de verdad.

Un pavo, una pierna, el bacalao, los tamales… los platos familiares son capaces de volverse emblemas de armonía en Noche Buena. Basta mirar el esmero con que se dispone la mesa,

la elección de los ingredientes de temporada, la emoción de arriesgarse con algo nuevo para el menú de siempre. Ese acercamiento a la cocina en familia se volvió parte de mis anécdotas, y me encanta escucharlas una y otra vez en boca de quienes me han visto crecer haciendo lo que más me gusta. Fui una niña curiosa y creativa que, apenas tuvo ocasión, se lanzó a la cocina.

Mis primeras manos fueron las de mis padres: firmes, pacientes, sabias. Ellos me guiaron mientras yo descubría que entre ollas y cuchillos podía inventar mi propio mundo.

Los sabores de mi infancia

La cocina y mis recuerdos de infancia van siempre de la mano.

La vida en Comalcalco, Tabasco, el lugar en el que crecí, a veces parecía lenta y otras fluía muy rápida entre juegos, los días de escuela y el descubrimiento de mi entorno, lleno de árboles verdes, pregones de los vendedores y sabores muy variados. En un lugar así es muy común

que hasta el aire tenga un gusto diferente, porque se impregna de los guisos de cada casa. Siempre pasa alguien ofreciendo una fruta de temporada y te da a probar un poco. El mercado está muy cerca y por lo regular uno conoce el sabor, la textura y hasta los colores de un pescado recién sacado del mar o del río, y resulta inevitable comenzar a imaginar cómo cocinarlo o con qué salsa acompañarlo. ¿Quién no recuerda la primera vez que mordió una barra de chocolate, vio cómo partían un coco con mucho cuidado para que el agua no se derramara o vio la vainilla en su estado natural? He sido muy afortunada de que la mayoría de mis ingredientes favoritos llegaron a mí desde que era niña, se quedaron en mi paladar y se combinaron con la imaginación para convertirse en las recetas que me describen.

A diferencia de las ciudades más grandes, donde el campo queda muy lejos, yo podía comer las frutas recién cortadas o cuando apenas se caían del árbol, como los capulines, las guanábanas, los marañones y los mangos, que uno puede comerse a cucharadas o mordidas, o hacer agua con ellas; incluso el cacao era de esas frutas que podía comer en cuanto abriera la mazorca y tuviera las semillas.

Cuando era niña la fruta me sabía rica así nada más. Ya tenía interiorizado que una piña era deliciosa, al igual que una sandía; pero hoy, que conozco mejor los procesos de los agricultores, comprendo que el calor y la humedad les dan otra identidad a nuestros alimentos, que una fruta que madura en un clima cálido húmedo sabe diferente porque absorbió el agua a cierta temperatura, se cosechó cuando estaba en su punto y creó bien sus azúcares al aire libre y en contacto con la tierra, no dentro de un contenedor o con procesos artificiales.

Para mí era algo de todos los días ver las frutas sobre la mesa, recién cosechadas, con sus colores vibrantes: las pitahayas y el tamarindo, que lo mismo usábamos para comer solitos o en aguas frescas, los plátanos verdes que van directo para cortar y freír o ya maduros para comerlos a mordidas. Había otras mucho más exóticas, como el jinicuil, la guayaba, la grosella, la ciruela verde, el jujo, el gogo, el chinín, la anona, la guaya, el zapote amarillo o el chicozapote.

Mantengo en la memoria gustativa los dulces de nanche y oreja de mico, que es como una papaya chiquitita que se cocina con azúcar hasta que queda caramelizada y acompaña un buen pozol bien frío. Me acuerdo de lo importante que era en mi familia tener guardados los frascos con dulce de nanche, primero, porque si están en un lugar fresco se mantienen mejor, y, segundo, porque si al nanche le pones alcohol de caña y lo dejas curtir, se hace un aguardiente que tiene un sabor muy rico, pero que hay que mantener lejos del alcance de los niños curiosos. Mi abuelito guardaba su aguardiente de nanche y les ofrecía un traguito a las visitas. Cuando él falleció, una forma que mis tías tuvieron de

recordarlo fue a través de ese ritual, brindando en su nombre con el traguito de destilado.

Los olores también forman parte de mi memoria e inevitablemente de mis recuerdos: estudié en una escuela primaria llamada Motolinia, muy cerca de la Hacienda cacaotera La Luz, que se quedó en medio de la ciudad cuando esta empezó a crecer. Al mediodía, cuando tostaban el cacao, el viento llevaba el aroma hacia mi primaria y ese olor era hermoso, a veces ni prestaba atención a la clase porque estaba embelesada oliendo. Después mi mamá me llevaba a esa hacienda a comprar chocolate recién hecho. Era muy curioso porque siendo niña ya sabía de los horarios de fermento y tostado; durante el fermento las semillas se rotan para introducir oxigeno, así se desarrolla el sabor y aroma característicos del chocolate, y esas mismas semillas se tuestan.

Crecí rodeada de cacao, en una tierra donde los ríos se entrelazan para regalar abundancia y la naturaleza parece hablar en voz baja a través de sus frutos. El plátano, el maíz, el coco… todos estaban ahí, pero el cacao era distinto: era parte de mi vida, un latido que me acompañó desde niña y que terminó fundiéndose con mi manera de cocinar. Recuerdo el chocolate de aquellos años: simple, honesto, sin disfraces químicos. Lo probábamos como quien descubre un tesoro y bastaba una mordida para saber si era bueno o no tanto. Hoy, al pensar en eso, me invade la

gratitud: ese entrenamiento me dio un paladar
atento y una memoria gustativa que aún me guía.
He probado chocolates de muchas partes del
mundo, algunos muy buenos, otros sublimes, pero
en todos busco ese eco de mi tierra. Y aunque la
nostalgia siempre inclina la balanza, sigo creyendo
que el cacao de mi infancia tenía un poder que
ningún otro ha igualado.

Me parece de un gran valor tanto emocional como
de aprendizaje ir al campo o conocer el entorno
que nos rodea, identificar qué crece, observar sus
procesos y formar parte de ellos en la siembra o
en la cosecha, en el cuidado de los animales o en
su pesca y vincularnos con el origen de nuestros
alimentos. Recuerdo desde la emoción que sentía
cuando empezaba la temporada de una fruta dulce
hasta la impresión de oír a un animal cuando era
sacrificado, y así entendí que los ciclos no solo

tienen que ver con los árboles, sino también con el trabajo en ranchos, granjas y parcelas. Mi abuela sabía matar al animal y lo hacía agradecida, con orgullo y con tal seguridad, como si al cocinar ella ya se hubiera ganado el derecho por haberle dedicado tanto esfuerzo y corazón a su crianza.

Mi papá nos contaba de una parcela que tenía mi abuelo cuando él y sus hermanos todavía eran pequeños, ahí sembraba y cosechaba lo que comían: maíz, verduras, vainilla, plátano, cacao. Todos ellos sabían moler en molino, hacer sus propias tortillas y pozol para el alimento de cada uno, algo que al día de hoy a algunos les resultará imposible, porque la modernidad nos ha alejado un poco de la tierra y de entender que la cocina también es un espacio comunal.

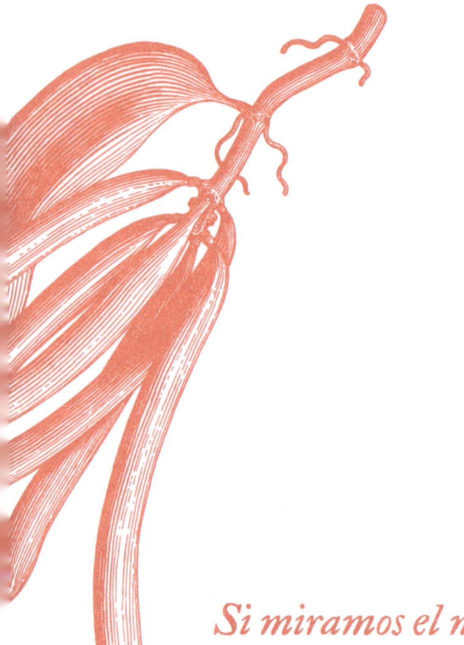

Imagínense entrar a la cocina y que alguien haya preparado algo con una vaina de vainilla o que todavía huela a plátanos fritos, unos que acaban de cortarse a unos metros de distancia, o que ese día haya frijoles de la olla con queso fresco hecho con la leche que se obtiene en la misma parcela; definitivamente nuestras cocinas mexicanas han sido un lujo para cualquiera.

Desde casa me enseñaron las variedades de lo que crecía, cómo podía aprovecharse o qué combinaciones le cambiaban el sabor y la identidad al plato más sencillo.

Si miramos el menú de las familias mexicanas vemos que con aparentemente poco se hace mucho, porque nuestra herencia está cimentada en productos muy nobles y versátiles.

En la mayoría de las familias no se cocina con una "noción gastronómica", sino con inteligencia, aprovechando los productos del día a día, con amor y hasta reinventando recetas para hacer que los niños, que muchas veces no se les antoja casi nada, disfruten el plato que tienen delante. Yo tardé en disfrutar el hígado encebollado, que no me gustaba para nada cuando era niña, pero también me lo daban con la promesa de que era un buen alimento para crecer fuerte. Sea verdad o sea mentira, me sumé al grupo de personas que lo tienen entre sus memorias de los platillos menos queridos. Por otro lado, mi mamá no tenía que batallar mucho conmigo, porque cuando cocinaba mole, la olla quedaba limpia; eso sí se lo celebrábamos mucho. Y a pesar de que la comida casera es la que más atesoro, como cualquier niña, también me gustaba comer pizza en La Juvenil, la única pizzería de entonces en Comalcalco, aunque solo fuera en ocasiones especiales, como las celebraciones de cumpleaños con mis amiguitos.

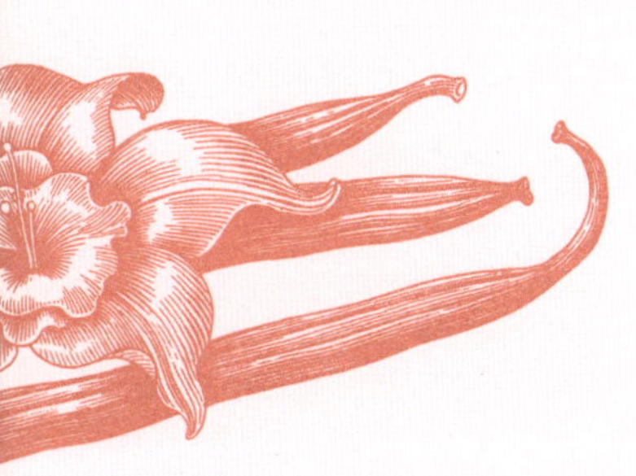

Mi mamá, si bien al igual que mi papá siempre estaba trabajando y ocupada en educarnos, también tenía su lugar en la cocina. De ella recuerdo que cuidaba mucho los insumos, si un tomate le servía para un guiso, también podía usar una parte para una sopa, porque siempre decía que los alimentos que nos da la tierra son nobles y no hay que desperdiciarlos. Incluso el plato más sencillo sabía diferente por el cuidado que le ponía. Sé que mi mamá sonreirá cuando lea en estas líneas que el tiempo y el destino son traicioneros, porque ella se esmeraba en cocinarnos caldos y sopas, pero yo con frecuencia le decía que no al puchero —ese caldo con carne y verduras, desde el ñame hasta el elote, plátano macho y pan de sopa, que comíamos en pleno calor—, sin embargo, hoy le pido que me lo prepare cada vez que la visito.

A través de los años he reforzado toda esta herencia culinaria que también está en mi identidad como cocinera: mientras más tengo claro hacia dónde quiero dirigirme, mis raíces son más sólidas. La curiosidad me hizo experimentar desde muy temprano con los sabores que tenía al alcance y agradezco enormemente que nunca me cansé del potencial del maíz o de los derivados del cerdo, de las texturas bien conocidas en las comidas familiares, como una tostada o un chicharrón, o de la versatilidad de los productos del mar. Mi lugar de origen me abrió puertas enormes a una riqueza gastronómica que hoy valoro dentro y fuera de México.

Un gusto que ya no es secreto

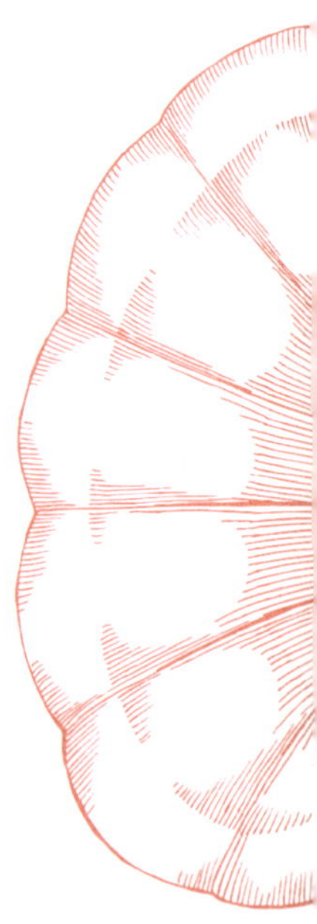

Cocinar se practica todos los días porque hay necesidad de comer y de alimentar a nuestras familias, pero en mi caso se estaba convirtiendo en un interés más fuerte que podía ser un plan a futuro.

Desde los años de secundaria tuve muy claro que el momento de probar un bocado de algo nuevo se volvería

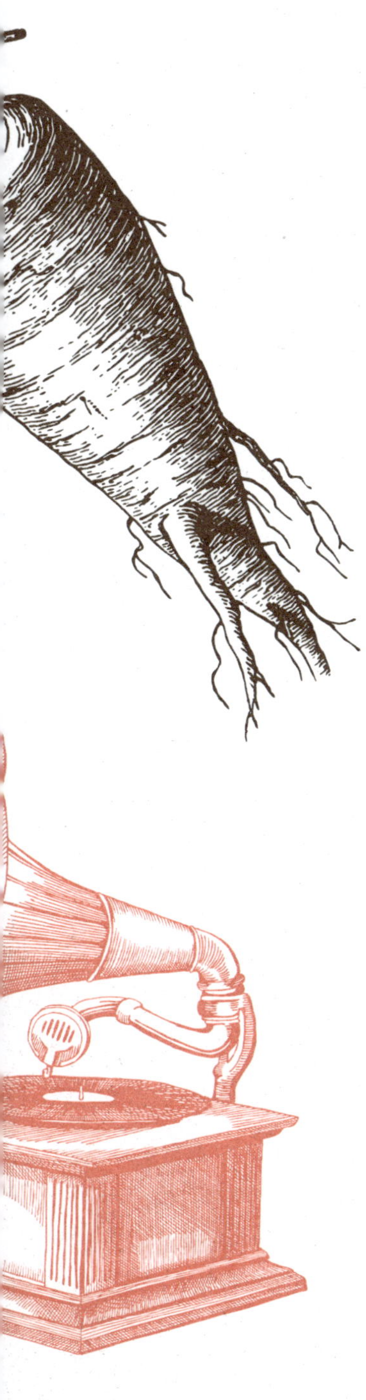

parte de mi vida. Y como suele suceder en algunas de las historias donde conoces tu destino en un instante preciso, recuerdo perfectamente cuándo fue el mío. Mis papás habían visto crecer esta fascinación por la cocina y sus sabores, así que mi papá me llevó a un restaurante en Comalcalco en una ocasión especial, como una manera de abrirme el panorama, al igual que se acerca a un niño al arte mostrándole qué hace en realidad un artista. Tanto mi papá como mi mamá me apoyaban con cariño y en aquella época éramos conscientes de que la ciudad no era tan grande, sin embargo, desde entonces teníamos una gran gastronomía y había que empezar conociendo la cocina local.

En esa ocasión el chef Aquiles Chávez, uno de los grandes referentes de la cocina mexicana a nivel internacional, estaba poniendo un menú especial. Esa experiencia también era nueva para mí, el hecho de que un chef tan reconocido y querido llegara a hacer una selección de platillos, algunos creados desde cero pero que tuvieran armonía dentro del estilo del restaurante, sería algo que captaría mi atención en adelante. Cuando lo vi con su filipina y su mandil dando instrucciones, organizando a los cocineros y a los meseros, probando y supervisando lo que estaba a punto de ser servido, me sorprendió, era algo que hasta entonces me parecía muy lejano o que solo había visto en algunos programas de cocina, pero era el símbolo de una gran preparación, incluso me parecía un ritual para una buena comida.

A veces pienso que lo que sucede en un restaurante es como una puesta en escena: cada quien sabe qué tiene que hacer, hay coordinación, un plan que debe ejecutarse y la función tiene que salir bien a como dé lugar.

Yo, que como adolescente podía sentir todo con mayor intensidad, me sentía fascinada observando a un verdadero experto cumplir con su trabajo. Tenía catorce años y me dije: quiero dedicarme a eso, cocinar de forma profesional, usar mi filipina y dirigir una cocina como él lo hace. Hacerlo para otros implicaba pasar de la cocina de mi casa a la de un restaurante, unirme a un equipo y buscar la perfección de un platillo, que se traduciría en la aceptación del comensal.

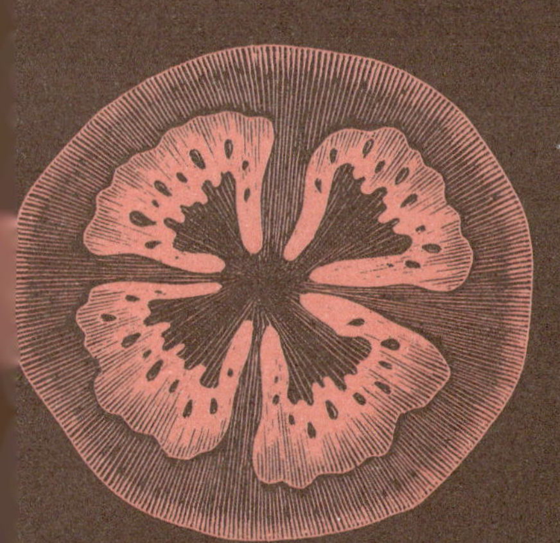

A pesar de que era consciente de que nadie se convierte en chef de la noche a la mañana, que como todas las profesiones esta también requería de mucho esfuerzo, años de preparación y sacrificios, notaba que Aquiles estaba disfrutando lo que hacía, se encontraba en su elemento. No sabía si otros compañeros de la escuela ya tenían claro a qué querían dedicarse, pero yo sí estaba segura de que la actividad que más me hacía soñar y me motivaba era cocinar. En ese entonces sabía que había mujeres chefs muy destacadas, pero la proporción, como ahora, era menor y, a pesar de que otras personas hubieran

pensado que no era un medio para una adolescente debido a lo pesado
de seguir instrucciones, yo no tuve algún prejuicio al respecto.

Esa noche en el restaurante definiría el resto de mi vida. Cuando
se lo platiqué a mi papá, él me respondió que si ya había tomado
la decisión, el siguiente paso era ver cómo incorporarme al
ambiente, porque de acuerdo con su lógica lo que más convenía
era experimentarlo desde dentro, para comprenderlo en una mayor
dimensión. Me sugirió buscar al chef para decirle lo que me había
gustado del menú y contarle que me interesaba estudiar gastronomía,
tal vez podría darme algún consejo rápido. Con un poco de pena, me
acerqué con la intención de obtener ese consejo. Trato de recordar
cuál fue mi expresión de sorpresa cuando Aquiles me respondió
que si estaba interesada en cocinar podía ir al día siguiente para
meterme a la cocina y apoyarlo. Me quedé helada tras escuchar sus
palabras, ¿cómo alguien como yo, sin experiencia, iba a estar ahí,
en un equipo que trabajaba tan bien y recibiendo instrucciones de
un chef? Salí de mi asombro y traté de ordenar las ideas cuando él
retomó la palabra. No me garantizaba un pago como al resto de
los empleados, pero seguro aprendería algo a su lado. Como eran
vacaciones, no lo dudé, sabía que mi camino podía empezar a partir
de ese momento y en ese lugar, solo que nadie me dijo de qué manera.

Picar cebolla, el comienzo

Cada sueño inicia de forma diferente, sin reglas. A veces se parece a lo que te imaginaste y otras no tiene nada que ver, pero dar el primer paso es lo más importante. Desde el día uno supe que un platillo es el resultado del trabajo de muchas personas; que los colaboradores de la cocina llegan muy temprano a afilar sus cuchillos y a tener una reunión con el chef, para recibir los insumos y supervisar que sean de la mejor calidad para lo que se planea para ese día; a poner todo en orden y empezar a cocinar lo que debe estar listo cuando se inicie el servicio a los comensales, como el pan o las preparaciones lentas.

Lo que yo conocía a mis catorce años era apenas una pequeña parte de un mundo que empezaría a revelárseme: el ritmo de la cocina, pasar de un par de tomates en el guiso a trabajar con dos o tres rejas tan solo en esa jornada, el ir y venir de comandas, el frío de los refrigeradores y el calor de las estufas, seguir al pie de la letra las instrucciones sin confundirse entre lo que tiene que estar listo de inmediato y lo que es todavía más urgente.

Aunque llegué a mi primer día de "trabajo" pensando que ya empezaría a cocinar o estaría cerca del chef aprendiendo directamente de él, mi sorpresa fue que realmente comenzaría con las tareas importantes, porque son la materia prima de la cocina, pero las aparentemente invisibles. Mi primera tarea fue picar cebolla, ¡todo un costal!; cuando terminé tenía los ojos hinchadísimos, me dolían las manos, pero eso era lo que se necesitaba en la cocina para que los demás tuvieran las bases de los platos y alguien tenía que hacerlo. A partir de ahí dejé de ver esa profesión como simplemente dirigir y coordinar. Uno entra a la cocina, sea chef o cocinero, con un plan en mente: un menú que debe cumplirse. Pero la cocina es un territorio vivo, y en el camino siempre hay imprevistos que amenazan con romper el orden. Es entonces cuando cada elemento, cada mano y cada gesto, encuentran la manera de volver a encarrilar el rumbo, porque al final lo que importa es cumplir con el trabajo y brindar al comensal la experiencia que merece.

Ahora que yo formaba parte de ese conjunto me sentía algo nerviosa pero muy comprometida; si iba a picar cebolla lo haría con dedicación y sin minimizar mi tarea. Aquiles me dijo que entendía si no quería regresar al día siguiente, pues era un trabajo muy pesado y más cansado de lo que se veía desde fuera, pero para mí no representaba un castigo sino el motivo para volver.

Cada día me enfocaba en lo que me indicaran que debía hacer. Dentro de la cocina nada es prescindible, el equipo funciona cuando cada una de sus partes sabe lo que tiene que ejecutar y cómo apoyar al conjunto. Esas vacaciones

hice de todo: piqué cebolla, lavé platos, limpié, recogí, apoyé al personal con las tareas que me indicaban. Acabé con las manos muy lastimadas por los productos de limpieza y las pequeñas cortaditas, quizá las primeras casi profesionales, pero yo estaba en una cocina de verdad, oyendo las instrucciones mientras hacía mis tareas.

Abrí bien los ojos y presté oídos a cada movimiento que sucedía a mi alrededor. Tenía los sentidos alerta, mi olfato identificaba olores que me resultaban familiares y otros que nunca había experimentado, pero que eran llamativos; lo mismo que el gusto, que repasaba un sabor y luego otro. Mi mente intentaba comprender esa maquinaria humana tan precisa que se requiere para darle al comensal los platos dignos de un chef.

Como fue mi primer acercamiento, también desde ese momento comprendí que incluso los chefs con gran reconocimiento que vemos que dirigen una cocina han hecho cualquier cosa, desde limpiar estufas y picar verduras, hasta ser la cara más visible de los mejores restaurantes del mundo. Si algo falla en esta cadena de producción, el esfuerzo de todos se viene abajo.

Mi mamá, a pesar de conocer mi pasión por la cocina, me veía cansada y dolorida por lavar platos todo el día, quizá pensaba que era una forma muy ruda de pasar las vacaciones o hasta un castigo, sobre todo por mi edad, pero yo comprendía bien mi lugar ahí y la oportunidad que había tenido. Como dije, Comalcalco estaba lejos de las capitales más grandes del país y no había escuelas de gastronomía, por lo que meterme de lleno al equipo de un chef era algo valiosísimo. Sabía que mientras más difícil pareciera el desafío, el resultado sería mejor. No me dejaría vencer por las tareas de ayudante en la cocina, sino que quería saber en qué momento me pondrían a cocinar.

Al día de hoy considero que fue la mejor oportunidad para empezar a ver la gastronomía desde dentro, y agradezco la apertura que tuvieron mis padres para, en primer lugar, recomendarme dar ese paso a pesar de ser tan joven y, en segundo, respetar mi decisión de permanecer ahí durante las vacaciones, en un ambiente que para muchos podría parecer hostil, pero que si funciona es precisamente por la disciplina.

Así estuve hasta que por fin llegó mi primer encargo frente a la estufa. Me preguntaba qué sería, si cocer la carne, cocinar un platillo completo o emplatar, y otra vez la sorpresa se presentó ante mis ojos cuando la instrucción fue preparar crepas. ¿Cuántas veces hemos pensado que lo aparentemente más sencillo se nos va a dar a la primera? Estoy segura de que muchos nos hemos confiado ante lo que consideramos fácil, ¿y qué dificultad tiene mezclar tres ingredientes para hacer unas cuantas crepas? Pero en la cocina no se puede bajar la guardia.

Al frente de la cocina se hallaba también Vidal Elías. Él me enseñó cómo tenía que preparar las crepas, me preguntó si había aprendido el proceso y si estaba segura de poder hacerlas, a lo que le respondí que sí, no veía ningún problema, podía confiar en mí; sin embargo, cuando las hice quedaron muy gruesas, no servían. Vidal enojado las lanzo contra la pared y cayeron junto con el plato roto en la basura, me aguanté las ganas de llorar y seguí intentando, esta vez siendo más rápida y precisa. Yo no desistí, y volví al día siguiente. Ahí entendí que la cocina guarda un cierto grado de masoquismo. En el fondo, aquel rigor me gustó, quizá porque no era personal. Al terminar el servicio, Vidal se sentó conmigo como si nada hubiera ocurrido, como si el fuego, los gritos y la presión hubieran sido solo parte de una obra de teatro.

Aquí nunca hay que engancharse, en la cocina como en la vida, cada quien escoge el tamaño de la cebolla con la que va a llorar.

¿Dónde voy a estudiar?

Mis vacaciones de verano fueron de descubrimientos, de cumplir un propósito, aprender muchísimo de mis compañeros y de los chefs, pero también de un gran cansancio. Empecé como tiene que ser, sin idealizar ni subestimar las tareas tan complejas que realizan los cocineros y el personal de un restaurante. A la cocina se llega de distintas maneras, y estoy segura de que todos o la gran mayoría de los que nos dedicamos

a esto hemos pasado jornadas completas picando,
limpiando, sirviendo, lavando platos, ya sea
porque es el lugar que nos asignan al llegar
o porque surgen inconvenientes y hasta
quien tiene el mayor rango debe salir
a apoyar donde hace falta.

Cualquiera que sea la tarea en la cocina es importante que se haga con la mayor dedicación.

Desde el primer día bajo las instrucciones de dos chefs tan profesionales dejé de romantizar la cocina y la vi en su esencia más precisa, lo cual hizo que me enamorara todavía más de la idea de ser cocinera. También me di cuenta de que, si bien existen llamadas de atención en los momentos pertinentes, una mala experiencia no puede marcar tu camino, simplemente son aprendizajes que le dan más sentido al trabajo en conjunto.

Las vacaciones terminaron y yo empezaría un nuevo ciclo en la preparatoria; continuaba siendo una adolescente y vivía como tal, aunque prestaba más atención a lo que pudiera alimentar mi interés por la cocina. Me parece importante señalar el momento en el que un niño o adolescente ve de otra manera la actividad que le gusta, ya sea un deporte o el arte, porque quiere dedicarse a eso: en qué nos fijamos, si podemos estudiar un poco de teoría, preguntarle detalles a quien lo realiza a diario o visualizarnos como profesionales en el área.

A pesar de que no volví a hacer prácticas ni con Aquiles ni Vidal en otras vacaciones —aquella fue la única ocasión que pusieron el menú en el restaurante—, yo continué con mis planes de profesionalización en la medida que el medio me lo permitía. Mi papá me llevaba a otros restaurantes a probar platillos. Yo cocinaba en mi casa, experimentaba, le daba a probar a mi familia y esperaba sus comentarios, pero también continuaba en la escuela y con la vida de alguien de mi edad. Después pasé un año fuera estudiando inglés, tiempo en el cual mi interés por la cocina no disminuyó, y cuando regresé a casa, en el tiempo estipulado para comenzar la universidad, fue el momento de perfilar mis estudios hacia lo que me interesaba: la gastronomía.

Había empezado a buscar información sobre dónde podría prepararme, por qué lugares pasaron los chefs que admiraba o qué sitios podrían brindarme el conocimiento para estar dentro de las tendencias que consideraba las más importantes en la gastronomía internacional. Mis ilusiones también apuntaban muy alto, la escuela con la que siempre había soñado está en Nueva York, es The Culinary Institute of America (CIA), claro, ¿a quién no le gustaría prepararse ahí? Es una escuela pionera en la formación de cocineros y chefs, de la que muchos de sus egresados se han convertido en referentes de la gastronomía mundial. Mis aspiraciones estaban puestas ahí porque tenía la idea de que para ser de los mejores, hay que formarse entre ellos.

Ingresar era entre difícil e imposible, primero por el costo impagable para mi familia, tanto de colegiatura como de manutención, ya que, si eres estudiante de gastronomía, te dedicas a eso de tiempo completo. Y segundo, porque cuando investigué los requisitos de matrícula pedían dos años de experiencia o un grado de estudios similar. Viéndolo a detalle, me resultaba lógico que al ser una escuela así de importante hubiera un criterio de selección muy fuerte. Yo ya no podía ver la cocina como una actividad que simplemente me gustara, sino que si quería tomarla como mi profesión debía estar a la altura de esos estándares.

La propuesta de mi familia fue que estudiara en una escuela en México mientras resolvíamos el tema económico, porque mis papás no me darían un *no* absoluto sino todo el apoyo que estaba a su alcance. De momento no podían pagar una colegiatura tan costosa, pero si estudiaba la carrera en México era mi oportunidad de demostrar que podía tomármelo en serio tanto académica como práctica y laboralmente. Buscamos una escuela que cumpliera con los requisitos de formación y hallamos una en Mérida, al final no estaría tan lejos de mi familia.

Mi siguiente etapa de vida comenzaría a unas horas de distancia, en una escuela de gastronomía donde pasaría los siguientes tres años como preparación profesional y económica para irme a Nueva York, o eso era lo que imaginaba hasta aquel momento.

EL AROMA DE LOS SENTIMIENTOS

Nadie nunca me contó cómo se sentía el amor a primera vista. Lo vi en el centro del pueblo un domingo de fiesta y, aunque no sé su nombre, estoy segura de que él es quien hizo latir mi corazón tan fuerte que mi mamá preguntó si aquel era el sonido de los cascos de los caballos que de vez en cuando salían corriendo de los ranchos y andaban perdidos por las calles del pueblo. Me emocioné tanto, que no recuerdo qué canción sonaba a esa hora de celebración en Comalcalco, donde siempre se oye música muy alegre, pero eso no me molesta porque después podré inventar una que describa mejor cómo fue enamorarse a primera vista.

¿Cómo describirías a tu primer amor? Te cuento sobre el mío: su piel es blanca y delicada, quizás es suave como el algodón y tibia como un pan de anís recién salido del horno, tiene el rostro cubierto de pecas, los ojos negros de mirada penetrante, de esas que te paralizan, y cuando se cruzaron con los míos ¡mi mamá tuvo que tomarme de la mano porque empecé a flotar! Ya me había sucedido hacía muuucho tiempo, una vez que me dieron una noticia muy bonita y empecé a caminar un poquito arriba del suelo, pero ahora fue porque sentí algo chistoso, cosquillas en el estómago, un hormigueo en la piel y la cabeza llena de pájaros. Sus ojos oscuros como el chintul, debajo de sus pestañas largas de vaquita y esas cejas bien marcadas, son de esos que te recuerdan que las estrellas también brillan para que no te pierdas cuando es de noche.

Llegando a mi casa saqué mi cuaderno especial, uno que guardo debajo de la almohada porque ahí me gusta escribir las historias que se me ocurren, y anoté su nombre: el Güero horchata. Se llama así por el color tan lindo de su piel y porque esas pecas son como el polvito de la canela, que tanto me gusta. ¡Ay, qué bonito se siente el amor! Hasta me dieron ganas de ir al jardín y hacerme una corona de flores, así que las corté con mucho cuidado, pidiéndole permiso a cada una de ellas. Cuando me puse la corona ¡comencé a flotar de nuevo!, pero esta vez me agarré del tronco de una ceiba porque no quería salir volando como el cerdito con alas, él conoce mejor el cielo, yo todavía estoy aprendiendo. Hay que tener cuidado con las emociones, hasta las más bonitas que te llenan de felicidad pueden ser peligrosas si no las controlas, y el amor, con todo y que es tan hermoso, hace que pierdas un ratito el piso. Un día escuché la historia de una muchachita del pueblo que enloqueció cuando se enamoró y no fue correspondida: se puso un vestido blanco y así anduvo días, meses y, con el paso del tiempo, dejaron de verla, pero cuentan las abuelas que se fue a vivir a la orilla del río y ahí se sigue apareciendo en forma de fantasma, por el recuerdo de un mal amor.

Después de conocer al Güero horchata veo la vida un poquito más enamorada. Por la tarde, antes de que empezara a llover, hasta la cocina de mi abuelita llegó el aroma de la tostadora de cacao del pueblo, ¡qué delicia! El cacao es uno de mis ingredientes favoritos y me alegra el corazón, así que rápidamente fui a mi cuarto a anotar unas cuantas cosas en mi cuaderno para que nunca se me olviden: el Güero horchata sabe dulce y quizá, sooooolo si hace calor, un poquito saladito. A él le gusta el helado de fresa, la palanqueta de cacahuate con caramelo y, para los días calurosos, el agua de pitahaya porque es una fruta que también tiene pequitas como él. Pensar en el Güero y sus sabores me emocionó tanto, que me dieron ganas de preparar algo inspirada en su mirada:

tomé un poco de harina de trigo, un par de huevos, leche que mi abuelito trae del rancho, un plátano bien maduro de la parcela y un chorrito de vainilla y preparé hotcakes con chispas de chocolate. ¡Ahí estaban las pequitas de mi Güero horchata! También le puse miel del panal de meliponas que hay en el jardín, para que supiera igual de dulce que su mirada. Así es el amor: sabe muy rico, es suave y puede tener una pizca de magia.

Hay días en que pienso más en el Güero horchata, me imagino qué música le gusta, él se me hace alguien que oye baladas ¡como yo!, pero que si se emociona jugando futbol con sus amigos, escucha un poco de rock o hasta alguna ranchera para tener energía. He salido por el pueblo a ver si me lo encuentro, ¡estoy segura de que lo vi en el parque donde tocan la marimba! ¡Era él! Me acerqué un poquito para verlo mejor, con su piel tan blanca y sus ojos negros y brillantes como las semillas de las guanábanas del patio, pero tuve muy mala suerte: cuando estuve a unos metros de distancia ¡mi corazón volvió a latir taaan fuerte, que los de la marimba tuvieron que dejar de tocar porque había mucho escándalo! Me dio pena y me fui, porque todos en el pueblo merecen deleitarse con el sonido de la marimba y yo tengo que aprender a controlar el de mi corazón.

No importa, me dije, seguiré pensando en el amor y en el Güero horchata. Para las tardes nubladas, cuando dan ganas de algo tibio y un abrazo, se me ocurre que puedo preparar un pastel con un poquito de guayaba y notas de canela, así me acordaré de sus pecas, o unas torrejas de yuca con miel y azúcar encima para apapachar mi corazón. Sé que mi historia no será de decepciones y fantasmas, de todos modos, más me vale hacer un conjuro que cuide mi alma. Estoy segura de que un día de estos, si tengo buena suerte, el Güero horchata me contará sus secretos para que yo se los cocine, porque al calor de la leña el amor es mucho más dulce.

EL DESTINO TIENE SUS PROPIOS PLANES

Estudiante y profesional

Mis años universitarios también fueron un paso importante en mi vida y siempre los vi como un escalón más para profesionalizarme, ir hacia donde me imaginaba que podía estar y tener los elementos para trabajar en el día a día en una cocina. Al estar fuera de casa mi memoria me servía para traer al presente los sabores con los que crecí, y mi creatividad me ayudaba a incorporarlos al aprendizaje de técnicas y procesos; observaba a los chefs y maestros e intentaba trabajar con la mayor disciplina posible.

Ser estudiante de gastronomía no es sencillo, al igual que otras carreras, requiere de atención, energía y mucho orden. En la escuela de gastronomía tenía claro que mientras más aprendiera mejor iba a ser mi transición al instituto de mis sueños, sin embargo, uno no puede predecir los giros importantes que el destino saca en momentos clave. Tras cumplir dos años en la escuela —el tiempo necesario, según el Culinary Institute of America (CIA), para comprobar conocimientos y aptitudes y solicitar la admisión—, mis papás insistieron en que mejor terminara la carrera que duraba tres años, pues con un título mis condiciones profesionales podrían mejorar. Por el tiempo ya invertido, me pareció una buena idea; además, mientras mejor preparada ingresara al CIA, más seguridad tendría.

Durante mi formación en la escuela tuve la fortuna de encontrarme con el chef Arturo Fernández, figura fundamental en mi carrera. No fue solo maestro, fue guía, inspiración y ejemplo vivo de lo que significa entregarse a la cocina. De él aprendí que cada ingrediente merece respeto, que el compromiso es el fuego que sostiene el oficio y que el trabajo en equipo es la esencia de toda gran cocina. Su enseñanza fue una brújula que me orientó en mis primeros pasos y sigue marcando el rumbo de lo que hoy hago.

Poco antes de graduarme en algunas ocasiones tenía oportunidad de practicar en el restaurante Nectar, también en Mérida, con el chef Roberto Solís. El chef se ha destacado por darle un giro contemporáneo a la comida tradicional yucateca, llevando técnicas de vanguardia a los ingredientes más tradicionales, por lo que me sentía identificada con su estilo de cocina.

Hacer prácticas en un restaurante es una experiencia que transforma, porque ahí la cocina deja de ser teoría y se vuelve un organismo vivo que late a un ritmo frenético. No solo se trata de atender las demandas de los comensales: es enfrentar los altibajos que llegan sin aviso. Puede faltar un insumo clave y en segundos hay que replantear la receta;

una estufa puede fallar y obligarte a improvisar técnicas
de cocción; un pedido puede duplicarse en plena hora pico
y el equipo tiene que reaccionar como un solo cuerpo.

En la cocina real no existe la pausa: cada minuto cuenta,
cada error se magnifica, y la presión puede volverse
insoportable si no aprendes a mantener la calma.
Ahí entiendes que el oficio va mucho más allá de lo
aprendido en la escuela: se trata de disciplina, velocidad,
creatividad y, sobre todo, de trabajar hombro con
hombro para que el servicio salga adelante.

En ese entonces ya estaba más familiarizada con las
instrucciones de los chefs con quienes colaboraba,
ponía en práctica lo aprendido en los últimos años y
todos los días los sentía como un reto con el equipo
de trabajo, eso me emocionaba, ya que para el viaje a
Nueva York iniciaba la cuenta regresiva. Pero el destino
a veces decide otras cosas por nosotros.

Durante mis años en la escuela participé en un concurso que me impulsó de
una forma impresionante: mi compañera de clase, Gaby Alfaro, y yo nos
presentamos a un certamen nacional de gastronomía. Viajamos a la Ciudad
de México en el año 2008 y competimos con otros cocineros jóvenes de
distintos lugares del país. A diferencia de varios de ellos, que tenían
formación en escuelas importantes, nosotras nos presentamos de una forma
sencilla, incluso llegamos con nuestra nevera que tenía pejelagarto y otros
insumos típicos de nuestra región.

Entre los jurados del concurso estaban Ricardo Muñoz —considerado
la máxima autoridad en la cocina mexicana tradicional— y Enrique
Olvera —uno de los referentes más importante de la cocina mexicana

contemporánea—. El resultado nos favoreció y se cumplió uno de mis grandes sueños: hacer una estadía de un mes con los gastos pagados en la cocina del chef Enrique Olvera, en su restaurante Pujol. Mi paso por una cocina profesional, hoy galardonada con estrellas Michelin, me sacudió como muy pocas experiencias en la vida, me hizo ver con orgullo mis raíces gastronómicas para ponerlas a la par de la cocina internacional y nunca olvidar de dónde vengo. Tiempo después, repetí la experiencia entre dos o tres meses, consciente del rigor y responsabilidad de formar parte del equipo de Enrique. Al día de hoy, la admiración y amistad han crecido junto con el enorme agradecimiento que le tengo por esos días.

Fue a través de Nectar que conocí al chef René Redzepi, considerado uno de los mejores chefs del mundo en la actualidad. Roberto había pasado una temporada en Copenhague trabajando en Noma, el restaurante de Redzepi, y en esta ocasión recibía a su amigo en Nectar.

Esto también es algo que considero extraordinario de nuestro trabajo, aquí se tejen amistades que pueden durar muchos años, vínculos sustentados en el aprendizaje, la admiración, el compañerismo y el gusto por cocinar y compartir esos alimentos.

Mundos tan diferentes como los de la península de Yucatán y la de Escandinavia estaban emparentados a través de las recetas de dos grandes cocineros.

En aquella ocasión, Roberto y René sirvieron una cena especial en Nectar. Mi intención era asistir como comensal y aprovechar cualquier experiencia que estuviera a mi alcance. Dado que Mérida comenzaba a convertirse en una ciudad referente para la gastronomía, y un evento así era imprescindible, lamentablemente para mí, se llenó de inmediato y no alcancé lugar. Pero tras una mala noticia siempre llega una buena, y en aquella ocasión no fue la excepción.

Pasé un día decepcionada por no haber apartado mi lugar en cuanto supe de la cena, consciente de que el cupo era reducido y la presencia del chef René se convertiría en un acontecimiento gastronómico relevante. Pero gracias a que la suerte volteó a verme, poco antes del evento me encontré a ambos chefs en una de las calles del centro de Mérida. Roberto le habló de mí a René, le dijo que estudiaba gastronomía y hacía mis prácticas en su restaurante, y René me ofreció estar con él en la cocina como su ayudante para la cena. Era lo último que esperaba oír aquella tarde, no podía dar crédito. Con toda la emoción dije que sí, que sería un honor. Definitivamente la experiencia de la cena degustación sería más provechosa si estaba detrás, o sea, dentro de la cocina, como parte del equipo de trabajo.

Seguí al pie de la letra las instrucciones, puse todo mi empeño en cada tarea y cuidé que mi trabajo hablara bien de mí. Lo hice porque tenía muy presente el consejo más valioso de mi papá: "Lo único que la gente recordará de ti es tu nombre y tu trabajo". Esa frase se convirtió en mi brújula; me enseñó que la reputación se construye con disciplina y constancia, y que cada acción, por pequeña que parezca, deja huella.

Cualquier tarea que tuviera que desempeñar debía estar a la altura del prestigio de dos chefs importantes, y una vez más abrí mis sentidos a lo que sucedía en la cocina, estuve atenta a los requerimientos del chef René, traté de comprender su visión de la cocina a través de los alimentos y la manera en la que a él le gustaba llevar los procesos en un servicio. ¿Cuál era la visión de alguien que cocina del otro lado del mundo?, ¿qué iba a aportar de su esencia a un menú con elementos locales? Esas y otras tantas preguntas me asaltaban mientras llevaba a cabo mis tareas e intentaba aprender lo más que se pudiera, emocionada con una experiencia que hasta el momento no me había imaginado.

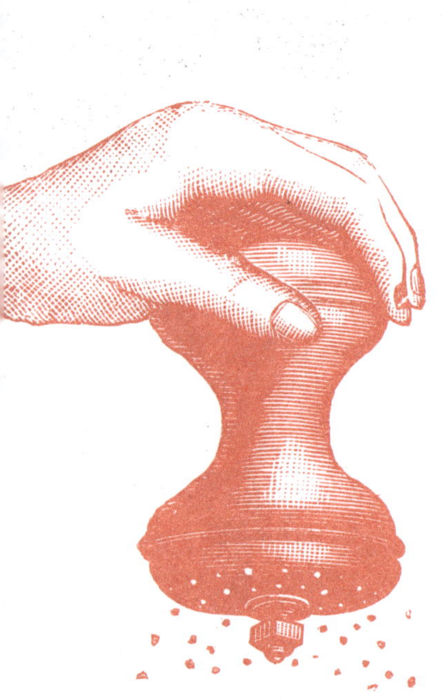

Cocinar para otros, incluso si no los conocemos, es un acto que va más allá de la técnica: implica entregar un pedazo de nosotros mismos con el mismo cuidado con que alimentamos a quienes amamos. Cada plato lleva implícita la intención de procurar bienestar, de ofrecer consuelo o alegría a través de un sabor. La cocina, en ese sentido, es un lenguaje silencioso que conecta a desconocidos como si fueran parte de la familia; es expresar con un guiso lo que a veces no alcanzamos a decir con palabras: "te cuido, me importas, quiero que estés bien".

Las reacciones de los comensales fueron de satisfacción y redescubrimiento de los sabores a partir de un nuevo estilo. Eso me llenó de felicidad, porque yo había sido parte del proceso y del resultado, al igual que cada miembro del equipo. Al terminar, debido a la emoción de la experiencia, hice a un

lado los miedos y la timidez y le conté al chef René que aunque pensaba continuar mis estudios en Nueva York, desde ese momento me interesaba más estar de lleno en una cocina, por lo que le pedí hacer prácticas con él en Noma, aun sabiendo que la lista de espera para entrar a su cocina podía demorar años. Aunque hay quienes podrían pensar que era una decisión precipitada, porque el CIA fue mi propósito durante mucho tiempo, para mí era mucho más lógico intentar aprender de un chef como Redzepi, así que no perdía nada preguntando por el proceso de reclutamiento.

Arriesgué, no perdí y gané. El chef René, probablemente convencido por mi compromiso con la profesión, me dijo que era bienvenida, solo tenía que ponerme en contacto con su personal y gestionar con ellos los trámites necesarios, pero que si estaba decidida, contaba con un lugar en Noma. Otra vez me acordé de aquella primera experiencia con mi papá, quien me motivó a hacer a un lado el miedo y preguntar, y de mi mamá, que a través de sus acciones demostraba la pasión por su trabajo. La respuesta del chef René me resultaba increíble y a la vez me daba la certeza de que estaba avanzando por un camino difícil pero no imposible, porque el hecho de prepararme con un chef que en ese momento contaba en su trayectoria con tanto reconocimiento, y no pararía de crecer hasta ser uno de los grandes de la gastronomía internacional, era parte esencial de mis sueños. A pesar de que yo todavía era joven, sentía que estaba dando pasos firmes en mi preparación; continuaba con la idea de aprender de los mejores. Al estar en la cocina con el chef René y el chef Roberto me quedaba claro que al talento, profesionalismo y aptitudes se sumaba la humanidad con la que ellos trabajaban, así que sería un enorme privilegio seguir por el mismo camino.

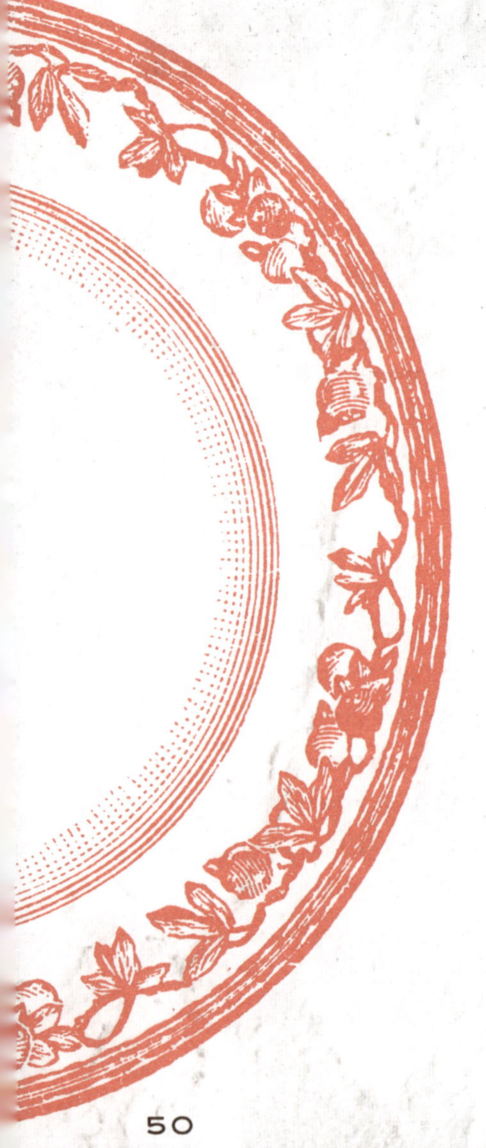

Todos sabemos que en esta carrera como en muchas otras la suerte se ve en esas pequeñas coincidencias, como estar en el lugar correcto en el momento preciso, pero los hechos solo se dan a través del trabajo, con algo que ofrecer, incluso si eso es el sacrificio de dejar tu casa y a tus seres queridos e ir al otro lado del mundo con la motivación de aprender. Al mismo tiempo, soy consciente de que muchos compañeros chefs se han formado fuera de los institutos y escuelas de gastronomía, con una enorme intuición y talento que los lleva a obtener conocimiento de los mejores y perfeccionar su estilo. Todo esto lo he ido adquiriendo en el camino, a través de la generosidad de cocineros y chefs de distintas partes, desde las cocinas tradicionales, las mujeres que cocinan todos los días muy temprano en sus ollas de barro, los colaboradores que preparan cantidades industriales de comida porque son el motor de espacios de trabajo, o cocineros de distintos lugares del mundo que llegan a México, maravillados por nuestra cocina.

Recién graduada de la escuela de gastronomía mis intereses estaban en una preparación similar a la de los chefs con quienes había aprendido. Yo no tenía claro qué tipo de chef sería, pero sí que mi hambre de crecimiento era cada vez más enorme y me había impulsado a dejar de lado la timidez, que para mí ya era tener bastante a mi favor.

Rafa y los banquetes

Tras la respuesta de Redzepi empecé a preparar mi viaje a Dinamarca, comenzando por ponerme en contacto con su equipo para que todos estuviéramos en la misma sintonía. Después empecé a sacar cuentas del dinero que necesitaría para no depender totalmente de mis papás, buscar vivienda, investigar los requisitos legales y laborales del país y hasta lo que se comía ahí.

Aunque el cambio de planes sorprendió a mis papás, ellos entendieron perfectamente mi decisión de no ir a estudiar al CIA por hacer las prácticas en Noma. Nunca hubo un reproche, porque ya había terminado mis estudios en la escuela de gastronomía, me estaba incorporando a la vida laboral y había dado muestras de mi vocación; al contrario, me felicitaron por la buena impresión en el servicio con Redzepi.

Me fui de vacaciones a Tabasco para visitar a mi familia. En mi mente quizá serían las últimas, porque el viaje a Dinamarca cada vez estaba más cerca, aunque bien dicen que uno puede planear cada detalle, pero el destino es el que dispone. En esas vacaciones conocí a quien se volvería parte fundamental del resto de mi vida: Rafa.

Rafa se convirtió en mi amigo, esposo, socio, el papá de mi hija Martina, el balance para mis locuras y uno de mis mayores motores para continuar cuando se presenta un nuevo reto. Pero para llegar a este punto de nuestra vida tuvieron que pasar muchas cosas inesperadas que nos transformarían para siempre.

Rafa es originario de Puebla. Desde siempre ha sido un apasionado de la gastronomía, incluso había emprendido con su propio restaurante siendo muy joven. Le encantaba cocinar, pero respondió al deber ser de la familia y estudió administración de empresas, aunque encontró la manera de vincularlo con el medio gastronómico. Llegó a Villahermosa en 2009 como gerente de alimentos y bebidas en una cadena de hoteles, que por lo regular tenía las habitaciones llenas y una enorme demanda de eventos en sus instalaciones, en gran medida por las empresas petroleras de Tabasco. Rafa entendió de inmediato el movimiento empresarial de la ciudad y las pocas opciones de servicios de comida y banquetes que había para cubrir las necesidades corporativas, por lo que renunció a su puesto para abrir su propia empresa de banquetes con un amigo suyo como socio.

Algo que admiro de Rafa es su tenacidad, el empeño y carisma con el que logra negociar, cualidades que ya jugaban a su favor en esa época y le ayudaron a conseguir clientes.

Uno de sus primeros pasos fue acercarse a una empresa petrolera para ofrecerle sus servicios. Esperaba obtener el sí para *coffee breaks*

y eventos de cuarenta o cincuenta personas, pero la aventura volteó a verlo de manera extraña y en lugar de eso salió de ahí con la propuesta para organizar la posada de la empresa: ¡un servicio para 1600 personas!

Rafa sabía que en ese momento no tenía lo necesario para un evento de ese tamaño, pero para no quedar mal con su posible cliente le preparó una cotización, solo que mucho más alta de lo que en realidad costaba, apostando a que así no lo elegirían. Sin embargo, horas más tarde recibió un mensaje en su teléfono: el servicio era suyo. Pensó que le darían un anticipo para empezar, pero por el contrario le pidieron una fianza muy alta como garantía de que brindarían un buen servicio. Ese y tantos otros detalles que empezaba a revisar requerirían de lo único que Rafa no tenía en ese momento: dinero.

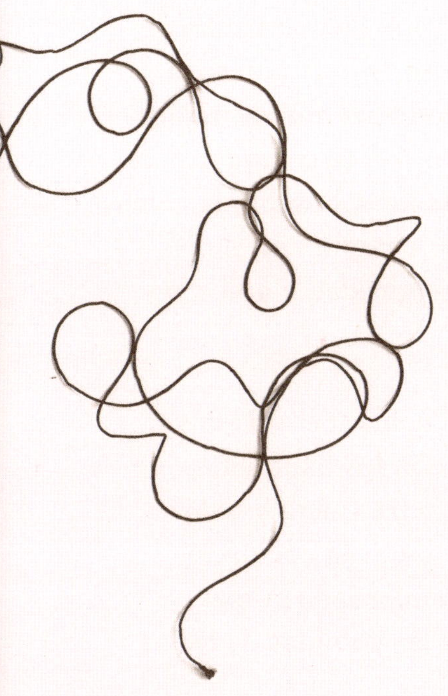

Pero lo que sí tenía era voluntad. Resolvió el tema de la fianza poniendo como garantía una propiedad familiar, y un día, mientras se tronaba los dedos pensando cuál sería el siguiente paso, su amigo Pedro lo invitó a salir a un antro para despejar la mente, pues una amiga suya que vivía en Mérida estaba de visita. Esa fue la primera vez que Rafa y yo nos vimos. Tras contarle quién era, a qué me dedicaba y mis planes de cambio de país, oí la que en ese momento era la historia más extrañamente trágica de un emprendedor. Sabía que Rafa estaba en un problema, pero por empatía o simplemente porque me había caído bien, compré ese problema también como mío y me ofrecí a ayudarlo.

Pensé en Aquiles Chávez. Recuerdo con una sonrisa en el rostro su respuesta cuando fuimos a verlo y escuchó la historia: ¡¿Que aceptaste quééé?! Para él era una locura dar un servicio sin tener absolutamente nada entre manos, pero le dio a Rafa el contacto de un amigo suyo que hacía banquetes que seguramente podría ayudarlo. Y así, aún sin dinero, pero con un plan más firme en mente, tomó rumbo esa locura. Como Rafa tiene una herramienta valiosísima, que es su poder de convencimiento y negociación, consiguió buena parte de los insumos sin anticipo; habló con el sindicato de meseros y se comprometió a pagarles inmediatamente después del servicio, hizo lo mismo con los músicos y con el personal de cocina, además de que mis amigas aceptaron ayudarnos para sacar adelante el evento.

Luego de días de estrés, pero mucha organización, ¡el servicio fue un éxito! Aunque también pasamos por la angustia de que varios de los contratados exigieran su pago a medio evento bajo la amenaza de no terminar sus labores. Por fortuna se pudo llegar a un acuerdo con ellos, y apenas Rafa cobró el cheque al otro día, se encargó de liquidar lo correspondiente a cada uno. Rafa no solo salvó la propiedad familiar y ganó económicamente por cumplir con un excelente servicio, también obtuvo muchísima seguridad y aplomo para trabajar en situaciones límite.

Después de esto su amigo y socio se regresó a Puebla, pero Rafa ya con un poco más de estabilidad decidió seguir con los banquetes. Concursó por la licitación del comedor de una refresquera y se la ganó. Sólo tenía que correr con los gastos de montar la cocina. Parecía muy atractivo porque la empresa había acordado con el sindicato que como nueva prestación cubrirían las comidas de los

empleados, eran mil comidas diarias seguras.
Con esas cifras de respaldo Rafa me invitó a ser
su socia. Me pidió un año. Dijo que nos iría muy
bien con el comedor y que podría ahorrar lo
suficiente para irme a Dinamarca sin pedirles nada
a mis papás.

La propuesta me tomó por sorpresa. Intenté poner
los pros y contras en una balanza. Al final confié
en él y le di mi palabra de que sería su socia. Pese
a que a mis papás no les convencía tanto la idea,
aceptaron la decisión, solo que me dijeron que a
partir de ese momento yo tenía que hacerme cargo
de mis gastos.

Ahora tenía que hablar con Redzepi. Un poco
nerviosa me comuniqué con él para platicarle la
situación y pedirle que por favor me aceptara
el siguiente año. Él aceptó, así que mis planes
seguían en pie, pero en apariencia se demorarían
un poco más. Mi principal preocupación estaba
resuelta siempre y cuando solo se tratara de
un año, que con tanto trabajo y crecimiento
económico se me iría rapidísimo.

Una cocina propia: Gourmet MX

El camino en la cocina también se trata de arriesgar, seguir tu intuición
y esforzarte. Eso pensé cuando acepté quedarme como socia de Rafa en
Villahermosa. Después de algunas semanas montamos la cocina en la

refresquera y la dejamos lista para la inauguración. Todo salió de maravilla el primer día, pero al siguiente recibimos una noticia radical: la empresa había llegado a un nuevo acuerdo con el sindicato y en lugar de pagarles la comida les daría un aumento salarial. Fue un balde de agua helada para nosotros. Eso reducía enormemente a los comensales. Rafa, nervioso, me aseguró que todo saldría bien, que mi ahorro para el viaje se daría sí o sí; como ha sido desde entonces, volví a confiar.

La refresquera nos dijo que podíamos usar las instalaciones para cocinar más allá de la comida diaria sin tener que pagar gas ni luz, así que aprovechamos eso para volver a los banquetes. Empezamos una etapa que hoy me parece divertida porque éramos muy jóvenes, pero ya nos movíamos en el ambiente empresarial de la gastronomía. Salíamos a "cazar" clientes. Íbamos a cafés o zonas donde sabíamos que veríamos a los ejecutivos de las empresas petroleras y los abordábamos "casualmente" luego de estudiarlos. Les hacíamos plática hasta que salía la oportunidad de darles nuestras tarjetas de presentación, incluso les ofrecíamos el primer servicio gratis.

La estrategia nos funcionó porque tocamos infinidad de puertas y algunas se abrieron. Así, poco a poco, pudimos tener un ingreso extra que compensaba la pérdida de comensales del comedor industrial de la refresquera. Fueron meses de mucho movimiento: dábamos servicios como desayunos en las instalaciones de las empresas, menús personalizados y fuera de lo convencional, algo que no se veía en Villahermosa en aquella época, así que el trabajo con los banquetes empezó a ser más constante.

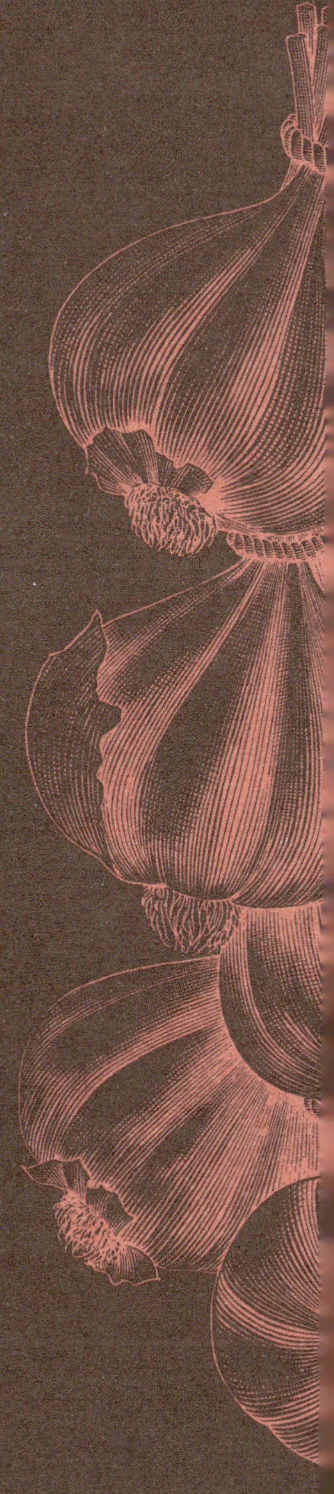

Comenzamos a tener buena fama entre quienes nos contrataban y eso fue muy emotivo porque la calidad en el trabajo ya era nuestra carta de presentación. Un día, mi papá asistió a un evento de ingenieros petroleros. Durante el descanso comentaban la buena impresión del servicio de alimentos. "La empresa es de unos jóvenes muy movidos", dijo alguien, y la sorpresa tanto de mi papá como mía fue encontrarnos ahí. Hasta ese momento me sinceré con mi familia: el comedor industrial no había funcionado y tuvimos que diversificarnos. Pienso que mi papá quizás no aprobó que le ocultara la verdad, pero a la vez sintió orgullo porque oyó buenos comentarios de mi trabajo sin que yo se los dijera. Entendió que no me iba a dejar caer por un fracaso y que buscaría la manera de seguir adelante, tal como es hasta el día de hoy. Otro golpe de realidad llegó cuando les dije que la empresa ya caminaba, por lo que ya no me iría a Dinamarca; estaba soñando en grande una vez más, solo que ahí mismo, en Villahermosa.

El viaje a Dinamarca no sucedió, y no es que lo hubiera abandonado por el amor, sino que también materialicé mis sueños de tener una cocina propia junto a mi socio, compañero y pareja.

La buena demanda de nuestros servicios derivó en que tuvimos que dejar el comedor industrial, pues el gasto de gas y luz también había subido y la refresquera ya no estaba dispuesta a cubrirlo. Rafa y yo pusimos orden a las prioridades, y decidimos que si eso iba en serio debíamos conseguir una sede para nuestra empresa, que desde entonces se llama Gourmet MX.

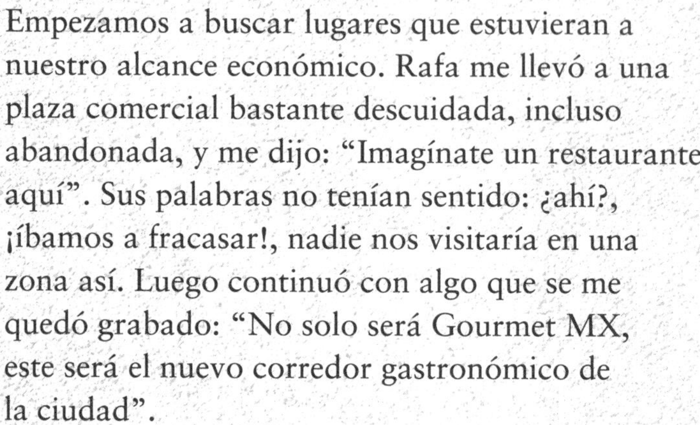

Empezamos a buscar lugares que estuvieran a nuestro alcance económico. Rafa me llevó a una plaza comercial bastante descuidada, incluso abandonada, y me dijo: "Imagínate un restaurante aquí". Sus palabras no tenían sentido: ¿ahí?, ¡íbamos a fracasar!, nadie nos visitaría en una zona así. Luego continuó con algo que se me quedó grabado: "No solo será Gourmet MX, este será el nuevo corredor gastronómico de la ciudad".

Con otra idea loca y mucho entusiasmo, conseguimos que nos rentaran un local en esa plaza que estaba a punto de ser demolida. El 12 de octubre de 2012 no solo es una fecha muy linda por la carga simbólica de sus números, sino porque fue el día que abrimos nuestro primer restaurante en Villahermosa como inician muchos: desde abajo, pero impulsado con la mayor ilusión.

Gourmet MX era restaurante, tienda de vinos y quesos, cocina y sede administrativa de nuestra empresa de banquetes. Priorizamos ofrecer una cocina de calidad que fuese nuestra mejor carta de presentación para atraer comensales y que regresaran, porque sabíamos que la ubicación jugaba un poco en nuestra contra. Mientras tratábamos de tener nuevos clientes continuábamos llamando a los de siempre, recordándoles que estábamos ahí, creando platillos y cambiando el menú constantemente con nuevas ideas y entusiasmo porque queríamos hacer cosas que no se hubieran visto en la ciudad, como cenas temáticas.

Poco a poco la energía invertida empezaba a dar frutos y Gourmet MX crecía en cuanto a comensales. Nuestra idea un poco loca del corredor gastronómico empezó a materializarse cuando algunos colegas también emprendieron en esa plaza y en cuestión de un año y medio hubo catorce restaurantes que le dieron vida a esa zona.

Las palabras de Rafa fueron ciertas: "Nadie crece en soledad". Hoy veo en la gastronomía lo valioso de esas alianzas, de compartir metas y buscar soporte entre colegas. Gourmet MX ya estaba cobijado de buena compañía y una oferta gastronómica interesante en nuestra ciudad. Al tiempo de estos cambios entre Rafa y yo se estaba gestando una amistad, una confianza que derivó en enamoramiento y que a la fecha sigue entre restaurantes, viajes, proyectos y nuestra familia de tres, con Martina.

Nos dimos cuenta de que el crecimiento de Gourmet MX ya no era un golpe de suerte sino algo que podía mantenerse. El restaurante empezó a superar el negocio de banquetes y teníamos nuevos comensales, entre ellos turistas que llegaban de distintas partes de México o de otros países, porque en cuanto a negocios la ciudad les parecía atractiva.

En 2014 Rafa y yo dimos otro gran paso, que fue abrir un pequeño bar en un anexo del restaurante. Siempre habíamos tenido inquietud por la mixología. Nos pareció una buena idea que sirviera como el pre del servicio

de alimentos, hicimos cuentas y era viable, además de que no perdíamos nada con intentarlo y sacarnos la espinita de incursionar en ese rubro. Chata Pandal abrió en 2014 y también fue un proyecto al que le pusimos todo el entusiasmo, pasión y cariño que hasta la fecha nos caracteriza. Lo nombramos así en honor a la abuelita de Rafa, a ella le dicen Chata y se apellida Pandal, y al igual que mis padres, que son un pilar fundamental de mi profesión y lo que soy hoy, la abuelita de Rafa le inculcó el amor por la cocina.

En 2020 Gourmet MX creció mucho más, y con ello hubo que tomar decisiones, una fue mover este restaurante a una zona mucho más comercial, y además cambiarle el nombre. Tuvimos sentimientos encontrados, aquella placita tan modesta nos había acogido cuando lo único que teníamos era poco dinero para invertir, pero muchas ganas de hacer algo en la gastronomía local. Fuimos conscientes de que los ciclos tienen que cumplirse y así fue. Chata Pandal cerró tras esa decisión porque no había forma de incluirlo en la nueva plaza donde abriríamos el restaurante que llamaríamos Vuelve Carmela. Recuerdo el proyecto con mucho cariño y puedo decir que no me quedé con las ganas de tener un bar, aunque fuese chiquito.

Poco tiempo después, otra inquietud gastronómica se materializó. Macario, nuestro restaurante como socios de Tino Bosada y Lupita Gómez, abrió sus puertas en 2016. Rafa siempre ha sido fanático de la carne y el fuego, del humo y la leña en la cocina, así que diseñamos un menú en el que ofrecíamos desde brisket y costillas estilo texano, hasta el BBQ coreano e indio. Cuando inauguramos, Macario estaba a orillas de la carretera, a las afueras de Villahermosa, en un local muy grande que nos parecía perfecto, porque quien entrara o saliera de la ciudad podría

detenerse a comer. Después nos movimos a la zona comercial y el restaurante concluyó su ciclo en 2020.

Como en cualquier profesión, hay momentos de mucho éxito y otros donde los resultados no son lo que te imaginaste, pero ni el más grande de los triunfos o el peor de los fracasos te definen, sino la fuerza con la que repuntas de cada experiencia. Para mí la vida también es eso, ganar un día, negociar otro, ceder uno más, y así se va construyendo nuestro paso por este mundo.

HABRÁ DÍAS MEJORES

En casa de mis abuelitos, con mis tías y las personas más sabias del pueblo, o durante las tardes en que platicaba con mi mamá o mi papá, a veces escuchaba una frase: "el tiempo cura todo". Yo no entendía qué querían decir, para mí el tiempo era esperar a que me dieran permiso para ir a jugar, que las clases se terminaran lo más rápido posible o que llegara el verano para ir a refrescarme al río, a ver si me encontraba a la sirena. Lo que mis papás y todos los demás en realidad querían decir es que así como la semana está llena de alegrías, también hay días muy tristes, como aquellos en que el sonido de la lluvia produce una canción melancólica, o cuando dejamos de ver a las personas que queremos.

A veces la tristeza se siente como un manto oscuro que te cubre por completo y ves las cosas a medias porque tu corazón está muy apachurrado y si respiras hondo, te dan ganas de llorar. Así me pasó cuando entendí que algunas personas se van del lugar que habitan, que despegan los pies de este mundo y se convierten en otra cosa, en una energía diferente, en un recuerdo que nos saca una sonrisa, aunque esté acompañada de lágrimas. Una vez, cuando me dieron la noticia de que alguien a quien quería mucho ya no estaría cerca de mí en persona, pero sí en espíritu, me puse muy triste, las lágrimas rodaron por mis mejillas, eran más saladas que otros días y yo creí que también empezaban a ser amargas. Supe que no se llora igual por un ser querido que como cuando picas cebolla, a pesar de que sea una enorme, porque cuando es de tristeza las lágrimas salen de un lugar muy profundo en el corazón, de ese rinconcito donde vive un cariño muy grande, rodeado de recuerdos, sonrisas y momentos hermosos.

Me costó trabajo entender que uno puede dejar su cuerpo, pero lo que compartió durante tanto tiempo sigue estando en los lugares que habitó, y puede traducirse en un susurro que nadie más oye, en la visita de un pájaro o una mariposa o al ver un objeto y tener presente la historia que nos une. Despedirnos fue doloroso, me acordé de todo lo bonito que vivimos, del amor que recibí y de muchas de sus enseñanzas. Alguien llevó a un mariachi a esa despedida, donde toda la familia nos abrazamos y cantamos, más unidos que nunca. Mientras sonaban las campanas, llegó a la casa mucha gente para darnos abrazos y contarnos cosas bonitas de la vida que compartimos con alguien a quien quise mucho, y al día siguiente vi cómo las manos de una mujer de más de noventa años, con toda la sabiduría y amor del mundo, preparaban un rico mole en memoria de su hijo. A la olla grandota de barro la abrazó el fuego de la cocina a la leña, mientras ella molía los ingredientes uno a uno, desde los chiles, la cebolla y el ajo hasta los trozos de chocolate, y esa pastita café, con ajonjolí tostado olía tan rico que te curaba el alma. Cuando se cocina algo desde el cariño más grande, se convierte en el platillo más delicioso que cualquiera hubiera probado.

—Ay, Carmela, estoy muy triste y lo voy a extrañar —me dijo mi mamá cuando me abrazó—, pero como a él le encantaba comer en casa, vas a ver que siempre nos acordaremos de su sonrisa cada vez que preparemos un chocolate caliente, unas enchiladas con queso de hoja o tan solo tortillas recién hechas con un poquito de manteca y sal.

Ahora veo la muerte de manera distinta, ¡no me da miedo! Comprendí que la muerte, con todas sus despedidas, también puede ser amor en medio de tanta tristeza, que si me acuerdo del cariño con el que él cuidaba a sus pollitos para que crecieran y se convirtieran en un manjar delicioso, yo podía hacer lo mismo con otros animales de la granja. Que durante la época en que nuestros difuntos nos visitan sería mi turno de ir al mercado a escoger las flores para poner en el altar, junto a las fotos de mis seres queridos. También sería mi momento para preparar una rica sopa calientita de cempasúchil con flor de calabaza; y que cada ofrenda que se pusiera en el altar, en medio de calaveritas de azúcar, rico chocolate con canela y unos taquitos de carnitas, para acordarme de mi cerdito volador, sería una ofrenda importante llena de cariño y respeto para quienes se fueron físicamente pero están todos los días cerca de nosotros.

Mi abuelita, mi bisabuelita, el esposo de mi mamá y todas las personas que he querido y me enseñaron algo importante llegarán a oler esos platillos y se llevarán el aroma adonde sea que vayan. A la muerte también se le saluda con la música que ellos quisieron, la que suena en el tocadiscos viejito que tenemos en la sala, en la guitarra que mi mamá toca y en las canciones que aprendí y que canto cada vez que muelo el cacao para nuestros días de visita. En el gran baile de las almas siempre harán falta los acordes de sus canciones favoritas, que la casa se llene de olores y sepan que son bienvenidos. Yo aquí los espero con veladoras encendidas y papel picado, ya sé hacer pan con esencia de naranja ¡y me queda delicioso!

Sé que volverán el siguiente año por su probadita, porque la cocina también está llena de emociones y compartimos cada platillo con las personas que queremos, estén o no en la misma mesa, que aunque me den ganas de llorar, debo cuidar mis lágrimas o los tamales de pollo con salsa de chiles me quedarán salados o de plano saldrán crudos. En este mundo los que nos quedamos andamos con quienes ya no están, quizás los sintamos y eso en lugar de dar miedo es un regalo. Ya sé que el tiempo cura todo, hasta un corazón melancólico, y cada año me tocará cocinar con amor para honrar el recuerdo.

UN CAMBIO DE VIDA: CARMELA Y SAL

¿Qué hace que una comida sepa rico?

Gourmet MX me estaba dando satisfacciones increíbles. Desde los tiempos en que estábamos en aquella plaza semiabandonada ya teníamos comensales fieles. Esto me complacía, pero también me llamaba la atención, "¿por qué regresan?", me preguntaba. La respuesta que me habían dado algunas personas parecía la más sencilla, pero también la más profunda: "Porque está rico".

Esta frase que hemos escuchado desde la infancia tiene un enorme peso; la decimos de manera inmediata cuando algo que probamos nos gusta, pero ¿qué pasa en nuestro cuerpo para que así lo percibamos?

Como siempre he sido muy curiosa de los temas de la mente, le pregunté a un par de neurólogos qué sucedía y cómo se daba la conexión entre lo que probamos y el cerebro. Todo se vuelve mucho más interesante y cobra sentido cuando es aclarado por un experto. Ellos me explicaron que se da a partir de las papilas gustativas y su relación con el sistema nervioso.

Las papilas gustativas son los receptores que nos ayudan a detectar los sabores (dulce, salado, ácido, amargo y umami). Al activarse con nuestra saliva envían la señal al cerebro para que la decodifique en algo aparentemente tan simple como decir que un alimento es rico o no.

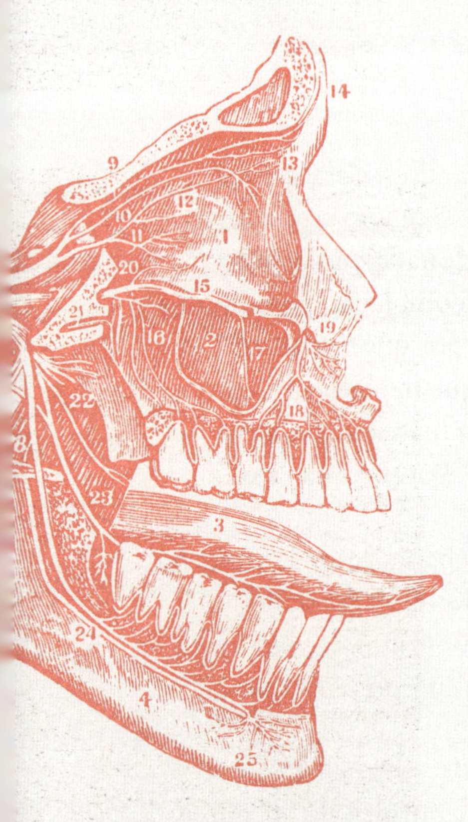

Me dijeron que existen tres tipos de paladar: el gustativo, el no gustativo y el súper gustativo. La cantidad de papilas es la que marca la diferencia entre uno y otro: naces con muchas o no. El tipo de paladar no tienen nada que ver con que seamos sibaritas, o si estamos acostumbrados a la alta cocina, pero puede ser aprovechado en ello.

Los números pueden variar, pero se estima que una persona súper gustativa puede tener hasta sesenta papilas gustativas por centímetro cuadrado en la lengua —una persona promedio tiene entre quince y treinta y cinco—; si descubre ese potencial, pueden dedicarse a catar bebidas, revisar la calidad de alimentos, como quesos o chocolates, o a la crítica especializada. Quien tiene paladar gustativo identifica los sabores, comprende los tipos de condimentación y el cambio que sufre el ingrediente con cada cocción. Alguien con paladar no gustativo come con interés, pero no es tan perceptivo a los detalles en el sabor.

Se estima que 50% de las personas tiene paladar gustativo, 25% no gustativo y el otro 25% súper gustativo. Las personas con paladar súper gustativo necesitan una mayor cantidad de sal en sus alimentos porque la sal, al ser un potenciador del sabor, les ayuda a equilibrar los sabores y "descifrarlos" con mayor precisión si ese es el propósito, o tan solo para que les sepa mucho mejor. Son personas que no toleran tanto el amargo o el picante y con frecuencia piden agua simple. Si en un restaurante cocinamos para el perfil del 25% súper gustativo (con mayor cantidad de sal de lo habitual) tendremos al 75% restante satisfechos también, ya que ellos no son tan precisos con los sabores. La jugada está en cocinar a un punto de súper gustativo.

Existen unas pruebas que sirven para identificar la percepción de lo amargo, las tiras reactivas de feniltiocarbamida (PTC). Este compuesto le puede saber amargo a algunas personas, e insípido a otras, todo según los receptores gustativos que se tenga. Esto, llevado a la gastronomía del día a día, puede convertirse en una muy buena herramienta, porque si se hace una prueba entre los colaboradores de un restaurante para detectar quiénes no soportan los amargos, podemos conocer su paladar, lo cual es muy útil a la hora de las pruebas de salsas y platos u otras tareas.

Si bien se nace con una cantidad de papilas gustativas, ser súper gustativo también es algo que se puede ir ganando con la práctica y el conocimiento de los ingredientes, quizá no al nivel de quien ya lo trae, aunque sí puede alcanzarse una buena diferencia. Pero el paladar súper gustativos no solo está en quienes se dedican a la alta cocina, y no es estrictamente necesario tenerlo para trabajar en esto, aunque ayuda mucho. Puede ser que también lo tenga alguien que cocina de forma más tradicional y los guisos siempre le quedan espectaculares, o el señor de los tacos que tiene las mejores salsas y todo lo que cocina le queda delicioso. Estas personas tienen la capacidad de descifrar los sabores por más sencillos que parezcan y pueden potenciarlos con un buen uso de la sal o los condimentos sin perseguir la sofisticación, sino el sabor.

Tener toda esta información me pareció valiosísimo. Por eso soy una fanática de probar todo lo que se produce cada día en nuestros restaurantes.

Me encanta probar para saber el punto exacto de sal y buscar el equilibrio perfecto en cada plato, quizás así pueda comprender mejor a las personas que hacen un gesto de aprobación cuando algo les sabe rico y regresan una y otra vez.

Mi Carmela y mi sal

En Gourmet MX había días buenos y días malos, como suele ser en cualquier negocio de comida. Pero alguien que estuvo ahí siempre fue mi papá, podía pasar por algo sencillo o a tomarse una copa, como sea, nos levantaba el ánimo con su presencia. En una ocasión invitó a Carlos González, un amigo suyo que se dedicaba a la industria petrolera y estaba de visita en la ciudad, y cuya familia también estaba relacionada con el entorno gastronómico. No quiso decirle nada sobre el restaurante, quería que su percepción fuera natural. Durante esa visita, Carlos probó el sope de pulpo y algunos platos que iban y venían de la carta en una época en que me gustaba experimentar para saber qué recetas tenían éxito entre los comensales. Se fue satisfecho, al punto que para su siguiente viaje a Villahermosa le dijo a mi papá que quería regresar a Gourmet MX. "¿Por qué quieres volver ahí?", le preguntó mi papá. Carlos le respondió algo que quedó marcado en mi memoria: "Es de los cinco mejores lugares donde he comido… en el mundo". Respuestas así, de quien sea, me dejan sin aliento.

Al término de la comida, mi papá le dijo que Gourmet MX era de su hija, que era cocinera, y lo que había comido en esas dos ocasiones eran recetas creadas por mí. Salí de la cocina para saludarlo y Carlos me recibió con una sonrisa, me preguntó detalles de mi cocina y qué planes tenía. Con honestidad y sin pretensión, le hablé de la historia del restaurante y que a futuro me gustaría abrir más, quizás en la Ciudad de México. Me dijo que me presentaría a sus hermanos, Germán y Lucero, quienes tenían restaurantes. Volvimos a vernos tiempo después, durante un viaje a la Ciudad de México, ocasión en la que conocí al resto de la familia y tuve una conexión inmediata con Lucero, de personalidad dinámica y extraordinaria, quien tenía una cocina laboratorio en el centro de producción de Maison Kayser, pues la familia González se había encargado de traer esa marca a México.

Más adelante Martha Ortiz, una chef amiga mía que admiro y respeto desde hace años, me invitó a cocinar a su restaurante en la Ciudad de México, Dulce Patria, como parte de un evento especial para conmemorar el Día de la Mujer. Emocionada, decidí invitar a Lucero González al evento. Para Lucero significó mucho verme entre cocineras tan importantes; cuando le preguntó a Martha por qué me había incluido, ella le respondió que yo era de las mejores chefs jóvenes de México.

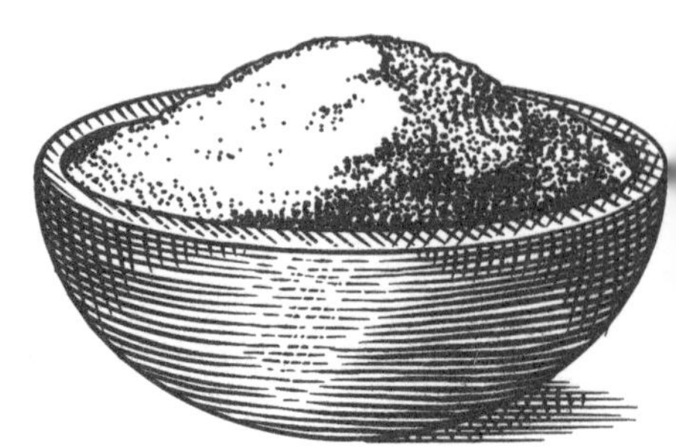

No pasó mucho tiempo para que Lucero, su hermano Germán, su socio Álex y Helue, la arquitecta que ha sido parte fundamental de las empresas, nos visitaran en Gourmet MX. A lo largo de dos días probaron toda la carta, vieron más de cerca el trabajo que hacíamos Rafa y yo y conocieron los detalles del surgimiento del restaurante.

Ya familiarizados con los proyectos de cada quien, Rafa y yo fuimos a la Ciudad de México para reunirnos con ellos y ver de cerca su trabajo corporativo. Tras una semana de convivir, la propuesta de Germán fue directa: abrir un restaurante en la Ciudad de México. Mi respuesta inmediata fue decir que sí, aunque poco a poco fui aterrizando el verdadero significado de ese gran paso: el cambio de vida para Rafa y para mí, mudarnos de ciudad e iniciar casi desde cero, todo con las expectativas muy altas.

Lo primero fue visualizar el lugar donde estaría el restaurante, a mí me atraían colonias como la Roma o la Juárez porque pensaba que encajaban más con mi estilo. Hasta que un día Germán nos llamó para decirnos que ya tenía el local ideal: Torre Virreyes, en una de las zonas comerciales más importantes en la Ciudad de México. Yo me consideraba mucho más bohemia y creía que no encajaba en una zona de ese estilo, tal vez por un poco de ansiedad o por inseguridades; pero al final confiaba en mis socios.

Germán es un gran visionario en la industria gastronómica, posee un espíritu emprendedor que no solo inspira, sino que impulsa a quienes lo rodean. Más que un socio, ha sido un cómplice en esta aventura: alguien que sostiene en los tropiezos y celebra en los logros. Dicen que para conocer verdaderamente a una persona hay que verla en los malos momentos, y es precisamente ahí donde Germán se pinta solo, en la calma con la que enfrenta la tormenta, en la entereza que mantiene cuando todo tiembla, y en la lealtad que no se negocia. Hoy es presidente del consejo de administración de Grupo Kayser en México, además de haber sido presidente de la Cámara Nacional de la Industria de Restaurantes y Alimentos Condimentados (Canirac), lugar desde el cual ha impulsado enormemente al gremio dentro y fuera de México.

El local había estado vacío porque el señor David Daniel, el dueño del edificio, buscaba algo muy especial. Germán consiguió una cita con él para que le presentáramos el proyecto y un menú degustación. Teníamos solo 45 minutos, pero le gustó tanto que se convirtieron en tres horas. Probó cada platillo que le ofrecimos. Al final yo me presenté como lo que soy y con el estilo que tengo, con mis raíces como carta de presentación. Le garanticé que estaba dejando el alma en esos platos y la dejaría cada día en ese local si el proyecto continuaba adelante. Conté las historias de mis platos: los paquetitos de plátano con tierra de la luna, las tostadas de mentiras y el sope de pulpo. Daniel se fue con buen sabor de boca.

Germán nos pidió paciencia. Nos dijo que la respuesta podría tardar hasta tres meses en llegarnos, pero resultó que no. Llegó al siguiente día. Era un sí. Abrir el nuevo restaurante sería un reto en todos los sentidos. Gastronómicamente hablando, me sentía segura de mi cocina, pensaba que la había madurado y estaba en mi elemento, pero el hecho de tener un restaurante en un centro económico me imponía.

Cuando llegué a la Torre entendí que es una zona de oficinas, pero también un área a la que llegan muchos comensales que han viajado por el mundo y conocen las distintas gastronomías, lo que yo podía ofrecerles era lo que me había funcionado, ir a mi origen.

Mi cocina sigue arraigada a mis raíces, a lo que comí desde niña y a lo que hizo enamorarme de la gastronomía, lo que llevo con mucho orgullo más allá de nuestras fronteras; conozco el potencial de un sofrito, que es delicioso bien sazonado, y sé que se puede hacer un platillo excelente con los ingredientes más sencillos, sin nada exótico o sumamente caro e inconseguible. Mi estilo estaba fundado en la sencillez.

Cuando fue el momento de ponerle nombre al restaurante no tuve dudas: Carmela y Sal. Quienes me conocen desde hace tiempo están familiarizados con mis historias de Carmela, ella es magia, creatividad, luz, sombra, olor a tierra mojada y chiles ahumados.

Carmela es una esencia viva que no conoce límites, yo simplemente le presto mis manos para contar sus historias a través de palabras y sabores, porque ella me da los sueños que me impulsan cada día.

Y la sal es mi ingrediente favorito, un elemento que habita el mundo de fuera y de dentro, el polvo mágico que hace que la comida sepa más rica y lo que me mantiene cada día más enamorada de la cocina. La sal es el duende que llega a revolucionar el sabor de los ingredientes y potencia su combinación sin que pierdan su esencia. La sal se palpa, se vive; no se agrega con cuchara ni con ningún utensilio que evite tocarla con las manos. Es intención, es fuerza, es el poder máximo de un cocinero. A la hora de cocinar se transforma en la extensión de uno mismo. Donde sea que vayamos hay sal, por lo que la comida siempre tendrá un toque especial para despertar los sentidos. Por eso me gusta tanto, y he basado mucho de mi cocina en hacerla una protagonista invisible.

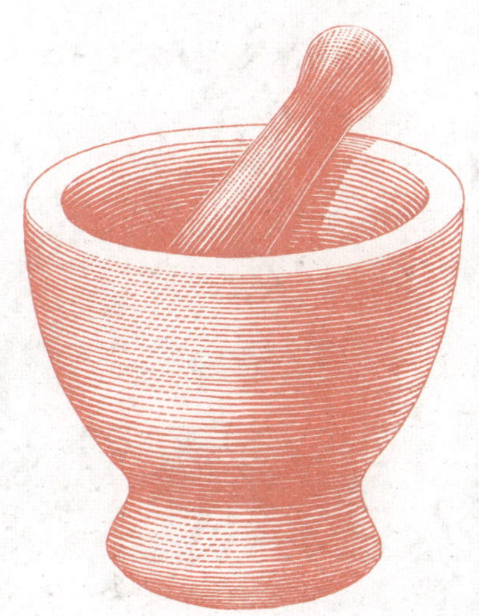

Sabía que ese sería el toque que distinguiría aquel espacio donde solo podrían ocurrir cosas extraordinarias. No tenía dudas, tenía que llamarse así.

La apertura

Carmela y Sal abrió sus puertas con un diseño y una decoración muy peculiares que me recuerdan mi origen, una mezcla de lo que para mí significa la cocina y que la arquitecta supo captar muy bien cuando visitamos juntas Tabasco: la tierra de donde uno viene representada por los pisos de madera, las texturas de piso a techo, la luz de las lámparas simulando la que atraviesa los árboles, los elementos contemporáneos para crear un cacaotal en medio de la ciudad, que hoy siento más mío que nunca.

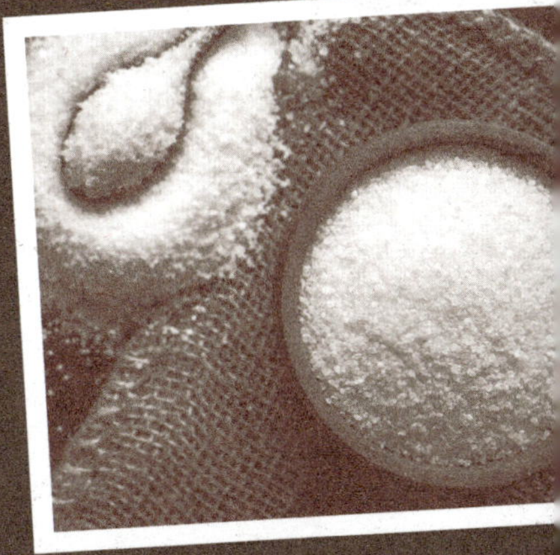

A raíz de que iniciamos con Carmela y Sal confirmé que una receta necesita madurar. Comprender a profundidad lo que cocinas porque buscas la excelencia en un plato puede ser posible gracias a la repetición.

Por eso me di cuenta de que cambiar la carta de alimentos con tanta frecuencia como lo había hecho en Tabasco no me funcionaría aquí. Los platos necesitaban el tiempo necesario en la cocina para entenderlos y delante del comensal para que los hicieran suyos. Por ejemplo, los Paquetitos de plátano macho (Tierra de luna). Desde la época de Gourmet MX me tomó años tenerlos en la carta porque fue el tiempo que me tardé en comprender los procesos del plátano. Si los hubiera dejado solo una semana o un mes, incluso un día, como lo hice con algunos platos, no se hubieran quedado, porque la receta actual es producto de una maduración. Por eso para Carmela y Sal vine con platillos con los que me sentía segura, que ya se habían vuelto los favoritos de mis comensales en Gourmet MX,

aquellos que la gente pedía que volvieran si se me ocurría sacarlos, aunque también hemos ido sumando y madurando más platillos.

Cada plato entrañable de Carmela y Sal cuenta una historia. A través de estas historias los comensales han ido conectando con los platos, y han hecho sus propias historias con cada uno.

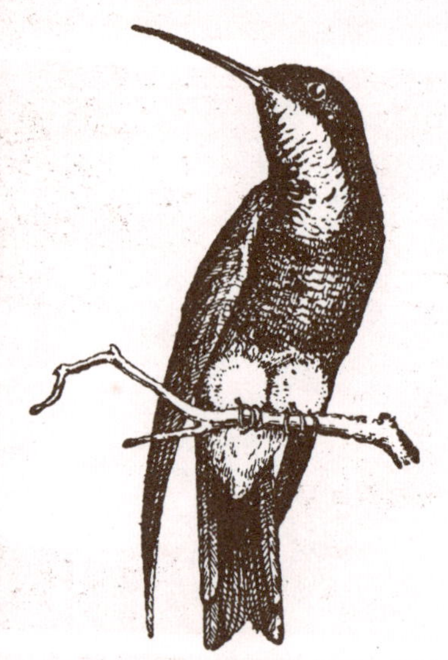

Hay historias muy curiosas, como las de amigas y clientas que vienen por el antojo del embarazo, ya sea el sope de pulpo o los plátanos con dulce de leche, y créanme: nunca le voy a decir a una embarazada que no, porque yo ya pasé por esos antojos que no puedes contener.

Luego de varios años, nos hemos convertido en parte de sus momentos especiales y sus recuerdos; aquí se han celebrado nacimientos y tristemente también hemos sido el lugar de las últimas comidas de personas que están en la etapa terminal de una enfermedad.

Dentro de la cocina no sabemos para quién estamos cocinando ni por qué llegaron a Carmela y Sal, entonces cada receta y cada plato tienen el mismo esmero.

Sé, como comensal y como cocinera, que hay platos que cuentan nuestras historias o que nos vemos reflejados en ellas, que guardan secretos y emociones y están arraigados en nosotros. Me conmueve que la familia que se ha creado hasta ahora —y durante los años que nos queden en este proyecto del corazón— nos haga parte de sus memorias. Ellos han sido los mayores promotores de Carmela y Sal. Recuerdo con cariño a quienes llegaban a la comida del mediodía y regresaban por la noche con más personas porque querían darles a probar las tostadas de mentiras; y esas se convertían en comensales asiduos que también regresaban con más gente a una reunión o simplemente por un antojito. Definitivamente eso es algo que idealiza cualquiera que se dedica a crear y compartir historias por medio de los sabores. Se ha creado una red de cariño y complicidad en torno a la cocina mexicana que les ofrecemos.

Carmela creció

Tras la apertura y buen recibimiento de Carmela y Sal, mi trabajo en la cocina se afianzaba y la visión para concretar más planes también. La sociedad restaurantera a la que pertenezco tiene un enorme conocimiento del mercado, por lo que mi socio Germán me propuso abrir un nuevo restaurante en la Terminal 2 del Aeropuerto de la Ciudad de México en 2022. Al principio no entendí por qué ahí, tanto Rafa como yo teníamos una percepción distinta de los aeropuertos y de los negocios de comida en ellos, pero había que confiar en el tiempo y sus procesos. Llevaríamos el concepto de Carmela, pero ahora en un servicio de 24 horas, disponible para los viajeros que buscan un restaurante con sello de autor en un lugar que casi siempre pensamos como de paso.

Abrimos la sucursal con personal que llevaba tiempo en los demás restaurantes y conocían muy bien el manejo de la carta, podían hacerlo espectacular. Tuvimos que ajustarnos a las circunstancias que nos ponía ese proyecto, desde incursionar en los desayunos —los cuales no habíamos trabajado en los restaurantes anteriores— hasta el espacio y la forma de gestionar la producción.

Hoy, Vuela Carmela, como bautizamos a ese restaurante se ha ido consolidando en el gusto del público. Favorecido por las ampliaciones a esa zona del aeropuerto, tenemos un flujo constante y nutrido de comensales y siempre está lleno. Al final fue una excelente decisión que ha consolidado el trabajo desde una ubicación que yo no me hubiera imaginado, y que indirectamente ha beneficiado a los demás restaurantes, ya que a los otros puede llegar alguien que haya pasado por Vuela Carmela y viceversa.

En 2023 también transité por un momento agridulce, cuando tenía las expectativas puestas en un deseo que me entusiasmaba muchísimo, mi restaurante Carmela DeMorada. Como ya mencioné, desde que llegué a la Ciudad de México me encantaba la colonia Roma como zona comercial, pues está llena de vida, de restaurantes de todo tipo; ahí caben muchos universos gastronómicos y por eso suele ser muy complejo estar ahí.

Carmela DeMorada estaba ahí; era un sueño bastante personal, ya que diseñé el menú inspirándome en los antojos que tuve durante el embarazo de mi hija, en esa conexión tan fuerte entre ella y yo a través de los sabores. Quienes son mamás tal vez me comprendan, es una faceta en la que tu cuerpo te dicta qué comer y qué no. Yo lo viví al máximo, se me antojaban con mucha fuerza cosas aciditas, sabores fuertes, algo crujiente y fresco. También el diseño y la decoración tenían mucho de mí porque me gusta desarrollar cada proyecto, que los comensales sientan que esta es una pequeña reunión en mi casa y mis espacios personales, que cada elemento suma a la experiencia del primer bocado. Y mientras mi pequeña se preparaba para llegar al mundo, también lo hacían Carmela DeMorada y Vuela Carmela.

Empecé imaginando dos restaurantes al mismo tiempo sin saber que estaba embarazada, un poco nerviosa porque si ya de por sí abrir uno requería mucho trabajo,

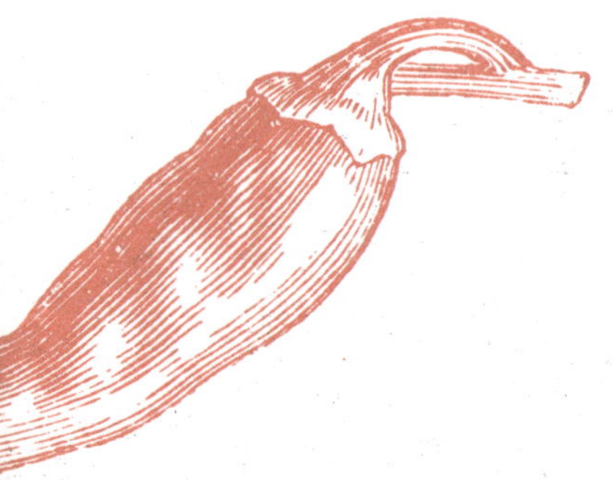

desvelos, sacrificios y energía, dos eran una locura, y enterarme de la llegada de mi bebé fue algo que nunca me imaginé que pudiera convivir con lo laboral, al menos no de esa manera. Sin embargo, una siempre saca fuerzas de donde tiene que sacarlas, y con el apoyo de Rafa continuamos adelante en equipo.

Además de la ardua planeación, fue un año de trabajo intenso, porque yo tenía mayor visibilidad como chef, lo cual demandaba una inversión enorme en todos los sentidos. Carmela DeMorada tuvo un ciclo un poco breve porque quizá no era su momento de existir o no pudo acoplarse bien al medio gastronómico del momento.

Recordemos que si bien la cocina nos da muchísimas bondades y viene de lo más noble que tenemos los seres humanos en comunidad, que es la alimentación, también es un negocio.

En el caso de Carmela DeMorada su suerte no fue igual a la de otros restaurantes. Cuando cerró Carmela DeMorada fue un golpe muy fuerte, sentí que se había acabado parte de lo que yo era, y así fue.

Las subidas y bajadas son normales en este medio como en cualquiera. Y lo que pasó con Carmela DeMorada nos dejó grandes enseñanzas. La primera fue sentir el respaldo y la confianza de nuestros socios, porque si en las altas se han portado extraordinarios, en las bajas todavía más. Hemos visto que en los fracasos los socios no responden con reproches, sino con aprendizaje y mayor crecimiento. Gracias a eso hemos conseguido

mirar hacia el frente en los momentos duros,
para encontrar las siguientes oportunidades. Hay
ciclos que se cierran de una forma sorprendente,
no me cabe duda de eso; pero hay otros que se
transforman en una nueva posibilidad, como pasó
con Fer y con El Remolkito, de lo que hablaré
más adelante.

Cuando algo es para ti

Si pienso en la Gaby de hace años, me doy cuenta de que tambíén he
roto con viejas creencias, como pensar que ser una buen chef únicamente se
consigue formándose en escuelas de alto reconocimiento, cuando la cocina
es más que la teoría, es lo que uno pone de sí todos los días, el respeto
por los ingredientes, la creatividad y el deseo de salir adelante de manera
genuina. El hermano de Rafa siempre nos dice que un éxito es cuando se
juntan tres cosas: razón, emoción y circunstancia. Tanto Rafa como yo, en
mancuerna y cada uno con su visión de la cocina y los negocios, ponemos
todo de nuestra parte en làs primeras dos, y tratamos de propiciar la
circunstancia, pero con elementos que sustenten ese trabajo.

Pienso en el camino recorrido, en el tiempo que ha pasado en un abrir
y cerrar de ojos, pero que está lleno de memorias con personas que
me han ayudado a crecer de manera acelerada tanto profesional como
emocionalmente: Rafa, mis padres, mi hija Martina, mis hermanos,
mis socios, los equipos de los diferentes restaurantes, los proveedores y
comensales, porque cada uno de ellos está en los platillos que imagino
y cocino. La gastronomía ha sido muy bondadosa conmigo y me he
esforzado en serlo con ella, disfrutando las idas y venidas insospechadas.
¿Qué hubiera pasado si al terminar el segundo año de preparación en
Mérida me hubiera ido a Nueva York? ¿Y qué hubiera sucedido si me

negaba a trabajar con Rafa y de inmediato hubiera viajado a Dinamarca? No tengo idea, pero mis objetivos continuaron como debía ser, sin que mi camino fuese más fácil o menos sacrificado.

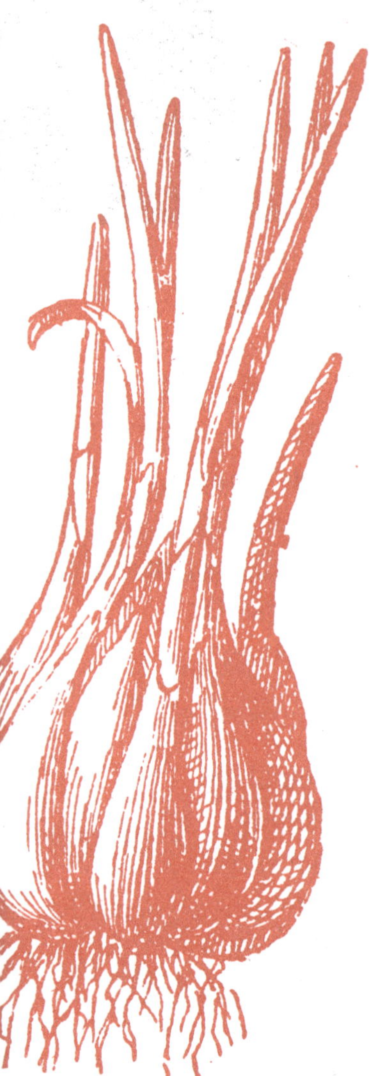

Sé que cuando algo es para ti la vida puede dar muchísimas vueltas; tal vez no te lo otorgue como lo habías visualizado al principio, pero lo pone delante de ti en el momento en que estás listo.

Desde Villahermosa empecé a trabajar incansablemente, a buscar mi esencia como cocinera, dejándome sorprender por los sabores de toda la vida y tratando de ser auténtica, solo con el propósito de redescubrirme a través de la cocina, sin saber que mis recetas tocarían las emociones de alguien más y eso me llevaría a uno de mis sueños de juventud. Años después de las primeras decisiones de vida en el ámbito gastronómico, The Culinary Institute of America (CIA) regresó a mí a través del Worlds of Flavor, un festival que se hace cada año en el instituto. La organización invita a chefs destacados de distintos países y aquella vez me llamaron para ir junto con Enrique Olvera, Elena Arzak, de España; y Virgilio Martínez, de Perú, y con muchos otros que yo admiro profundamente y de quienes aprendo todo el tiempo.

Me siento muy orgullosa de haber ido como chef a hablar de mi cocina, de los sabores que me representan y de la importancia de compartir con el mundo quiénes somos. Recibí la llamada del CIA años después de soñar con ser una de sus estudiantes, lo cual reforzó en mí el pensamiento de que estaba haciendo las cosas bien, pero no podía detenerme en ello, sino trabajar con mayor dedicación para continuar alimentando los sueños que tuve al inicio. Quizá uno no se da cuenta de lo que ha logrado porque se mete de lleno en la rutina y en las exigencias del día a día, pero cuando volteas la mirada hacia tu punto de salida notas el cambio.

Hay ciclos que se cierran de una forma sorprendente, no me cabe duda de eso, y lo mismo sucedió con el viaje a Dinamarca, que al final sí se dio, pero esta vez a la inversa, pues Redzepi me invitó a organizarle un recorrido gastronómico por Tabasco con su equipo, para que tiempo después él creara un menú inspirado en aquella experiencia. Dentro del menú de varios tiempos, uno de esos era de coco; al presentar el plato en nuestra mesa, el chef me dijo que se había inspirado en el uso del coco de mis tostadas de mentiras. Ahora también un pedacito de mi herencia gastronómica estaba en el menú de uno de los mejores chefs del mundo. No le fallé a la Gaby que soñaba con esa cocina, pero aquella ilusión la cumplió la Gaby de ahora, la cocinera que tiene un equipo de trabajo increíble, que cocina con plátanos maduros, tomate y coco, la que sueña con la temporada de mangos para cortar uno y dárselo de comer a su hija Martina, con el mismo amor y cuidado con el que la naturaleza nos alimenta.

MUCHOS MUNDOS EN UNO

Hace unos días me pasó algo increíble: ¡viajé a un lugar desconocido! Mi mamá me dijo que metiera un poco de ropa a una maleta porque iríamos muy lejos, ¿a dónde? Era una sorpresa. Y vaya que lo fue: salimos de la casa muy tempranito, cuando las campanas de la iglesia anunciaban el amanecer y las flores que más madrugan le daban los buenos días al sol. En cuestión de horas, yo ya estaba ¡arriba de un avión! Atravesábamos el cielo y… ¿les cuento un secreto? Las nubes esponjocitas que vemos desde abajo son igual de blancas allá arriba, solo que no tienen pájaros y las mariposas no vuelan tan alto. Quise ver desde la ventana del avión mi casita en Comalcalco, buscar al Güero horchata y decirle: ¡espéééérame, Güerito de mi corazón!, ¡te prometo que pronto regresaré!, pero estoy segura de que no iba a escucharme porque ni siquiera se veía la plaza principal del pueblo o alguno de sus ríos.

Cerré los ojos y por un momento pensé que estaba en otra dimensión, una donde no tenía cuerpo y solo era yo, Carmela sin cuerpo, flotando alrededor de todos, como un fantasma que no sabe que se ha convertido en uno. Cuando mi mamá y yo llegamos, todo era muy diferente: la ciudad era grande, mis ojos no alcanzaban a ver la punta de los edificios, con sus ventanotas de cristal como los de la tele.

—¿Dónde está la tierra? —le pregunté a mi mamá.

—Debajo de todo esto —me respondió, con una sonrisa—, debajo de los edificios y las calles, de los puentes y los semáforos.

Me sentía como un pájaro sin alas porque quería correr y no podía, ¡qué incómodo es andar siempre con zapatos! Quería estar descalza y sentir la humedad del suelo como si mis pies fueran a crecer hacia abajo y convertirse en raíces, pero en la ciudad de cemento eso sería imposible.

—¿Y esos trajes grises? —volví a preguntar, cuando vi a muchos señores con corbata, trajes y maletines. Caminaban sin mirarnos, como si algo les molestara.

—Van a sus trabajos —dijo mi mamá.

Pero no se veían como los señores que yo conocía, aquellos que también trabajaban desde muy temprano y pasaban a la casa de mis abuelitos a dejarles unos cuantos litros de leche bronca que mi abuelita me hierve con azúcar y canela, o como don Rodo, que siempre nos lleva los quesos más ricos, o el señor que me ofrece pozol durante los días soleados. Esa tarde vi a muchas personas a través de las ventanas, como si fueran pajaritos en alguna jaula, y me acordé de cuando siendo chiquita me metí a una para aprender a cantar como los cotorros de mi papá.

Qué diferente es la vida en una ciudad con rascacielos y muchos coches, también es bonita pero a su manera, también hay música como la de los organilleros, una que llega de alguna parte y te hace bailar hasta que los pies se despegan del suelo. En nuestra primera noche no vi las estrellas, solo las luces de la ciudad y sus semáforos, que son como luciérnagas de colores muy pero muy grandes. Y al día siguiente, sucedió otra sorpresa: fuimos a un lugar mucho más mágico.

—Aquí es como si el tiempo se detuviera —me explicó mi mamá.

Abrí los ojos y todo a mi alrededor se pintó de colores: ya no había edificios enormes o con cristales que enjaularan a las personas, sino calles llenas de brillo y voces llamándonos a acercarnos.

—¡Pásele, bonita! ¿Qué le ofrezco? ¿Un perfume, para que conquiste a su amor?, ¿un vestido con holanes, para que vaya a bailar?, ¿una cajita musical, para que guarde sus reliquias?

El mercado de La Laguinilla era un sueño del que no quería despertar: ¿y si me compraba ese perfume y el Güero horchata se enamoraba de mí?, ¿y si usaba esa vieja máquina de escribir para plasmar mis historias?, ¿y si cargaba conmigo ese molinillo para moler el cacao con un poquito de chile, canela y azúcar? De repente sonó una música hermosa, era un vals que decía "Carmelita, Carmelita, Carmelita de mi amor, si me das un beso yo te regalo una flor"… Pensé que si abría un alhajero cerca de mi oído me contaría sus historias, y eso hice: del interior salió un llanto un poco triste y preferí no enterarme de lo que quería decirme.

—Estas flores son para usted, mi niña preciosa —me dijo una señora que llevaba una carreta llena de plantas y flores de todos los tamaños, formas y colores.

Del otro lado de la calle había muchos muebles como los de la casa de mi bisabuela Lupita, un espejo enorme con el marco dorado, ¿cuántas mujeres se habrán peinado delante de él con sus peines de marfil y cuántos reflejos habrán quedado atrapados en ese espejo? Y cerquita, una vajilla muy lujosa, lista para servir una cena especial, con sus copas de cristal a las que les serviría desde champán hasta agua de coco y limonada de fresa. Los candelabros de metal esperaban ansiosos que alguien les pusiera unas velas para adornar los pasillos de una casa con techo de vigas, o para estar delante de los santitos del altar. ¿Cuántos años habían pasado desde que alguien usó por última vez esas cucharas de hierro? ¿Quién se puso ese vestido con encaje antes de que lo dejaran aquí? El aire olía a hierbas, flores y comida que cada quien probaba de pie porque el tiempo pasaba muy rápido, como en los sueños.

Mi mamá me dijo que nos teníamos que ir, era hora de regresar a casa, a nuestro paraíso en La perla de la Chontalpa, ahí donde el aire siempre es puro y hasta la lluvia sabe dulce. Y mientras volaba con los ojos cerrados en mi lugar del avión, pensando que yo también era un pájaro que se había escapado de su jaula, me pregunté ¿alguna vez regresaré a esa ciudad llena de rascacielos?, ¿alguna vez estaré de nuevo en La Lagunilla, recolectando memorias y sueños? Se vale desearlo, porque hasta los deseos más locos podrían cumplirse. Cada uno de esos objetos cuenta una historia alegre o triste, todos juntos son un tesoro que ha sobrevivido al paso del tiempo para que a nadie se le olvide que existe.

—¿Qué es todo eso que trajiste en tu maleta, Carmela? —me preguntó mi hermana cuando volvimos a casa.

—Es magia —le respondí.

HABLEMOS DE NEGOCIOS

La cocina no solo alimenta el cuerpo y las emociones: también sostiene la economía. Es un tejido que conecta las industrias primarias y de servicios, que nace de la tierra, del mar y del campo, y llega hasta los comensales a través de restaurantes, mercados y hogares. Si bien permanece arraigada a tradiciones y procesos que se transmiten de generación en generación, es también el motor que da sustento a millones de familias en todo el mundo.

Los tiempos han cambiado, y con ellos la percepción de la gastronomía como profesión y negocio. Durante décadas, la imagen común de "las mujeres en la cocina" estuvo vinculada al hogar: preparar, servir, cuidar. Ese legado es invaluable y se honra, pero hoy existe también una imagen poderosa y necesaria: mujeres que trascienden fronteras con proyectos gastronómicos exitosos, capaces de innovar y competir en la esfera nacional e internacional.

Quizás, por razones históricas y culturales, aún cuesta aceptar que, además de transmitir afecto a través de los alimentos, una cocinera o una chef puede —y debe— generar ingresos, crear empleos y construir negocios sostenibles. Sin embargo, nuestras madres, abuelas y tías lo hicieron desde siempre: dieron alimento y también estabilidad económica a sus familias, aunque pocas veces se reconociera como empresa formal ese esfuerzo.

Hoy abundan historias de éxito que demuestran que la gastronomía puede ser, al mismo tiempo, pasión, oficio y empresa. Logros que nacen de mucho trabajo, planeación estratégica, disciplina y, sí, también un poco de suerte. Por eso me parece esencial hablar de la cocina en términos de negocio, sin temor ni pudor: porque aceptar que podemos ser exitosas en esta profesión es también abrir camino a otras, compartir experiencias y consolidar una red de mujeres que entienden que cocinar es cuidar, pero también emprender y transformar.

Empecé en el mundo del servicio de alimentos de la mano de Rafa. Juntos hemos aprendido y crecido, a veces a costa de errores, pero siempre con paciencia y con la certeza de que en la gastronomía el factor humano es irrenunciable. Porque detrás de cada plato hay una persona que cocina para otra, y ese vínculo es lo que da sentido a todo lo demás. Porque, si bien la gastronomía es un negocio en el que hay que sacar cuentas para subsistir y prosperar, también es un espejo implacable que revela quiénes somos en los momentos más críticos: ahí donde la presión invade, la escasez desafía y el tiempo corre, se revela nuestro carácter y se pone a prueba nuestra pasión.

Como ya mencioné, al emprender en la Ciudad de México se abrió una puerta de oportunidades a través de decisiones importantes. Quizá la primera fue salir de mi lugar de origen, uno donde me sentía cómoda, y pensar más allá de lo que conocía, con una nueva sociedad: el sueño estaba ahí, y solo lo alcanzaría por medio de una estrategia de trabajo.

A partir de ahí entendí que cada proyecto debía construirse con plena conciencia. La cocina es el lugar donde florece la creatividad: ahí nacen las recetas, las combinaciones inesperadas y la magia de los sabores. Pero ningún sueño se sostiene sin estrategia. Por eso, junto a la pasión, aprendí a poner en la balanza los recursos disponibles, los objetivos reales y la visión de lo que queremos alcanzar. Cuando ambos mundos —el creativo y el empresarial— se alinean, los proyectos crecen con solidez.

Emprender en la gastronomía exige más que talento culinario: requiere disciplina, claridad

y humildad. Es vital rodearse de asesores capaces, escuchar a quienes saben más, reconocer los límites propios y tener el valor de preguntar antes de decidir. Porque el éxito en este camino no está en hacerlo todo solo, sino en construir con otros, aprender cada día y mantener siempre la mirada en un propósito común.

La enseñanza es simple pero poderosa: un plato bien logrado nace de la creatividad del chef, pero un proyecto exitoso surge de la unión entre pasión y estrategia.

En la actualidad contamos con una amplia gama de recursos al alcance: asesorías presenciales y digitales sobre emprendimiento, gestión financiera, cumplimiento fiscal y elaboración de presupuestos aplicables a negocios de todo tipo. Esto resulta particularmente relevante en la industria restaurantera, donde se conjugan la adquisición de materia prima con la prestación de un servicio al cliente. Mientras más informados estemos, menos complejo será enfrentarnos al mundo del emprendimiento.

Soy consciente de que mi vocación está en los sabores, y que para que mis proyectos gastronómicos prosperen es indispensable el apoyo de mi equipo. Escuchar sus sugerencias, delegar gradualmente y confiar en los procesos —incluso en aquellas circunstancias que escapan a mi control— ha sido clave en nuestro crecimiento.

Al observar un restaurante con décadas de éxito, es común reconocer la huella de sus fundadores, de los chefs o de quienes estuvieron desde

los inicios, involucrados en cada detalle. Sin embargo, lo que verdaderamente sostiene esa permanencia son los procesos bien definidos y las recetas estandarizadas, que aseguran que, independientemente de quién esté operando, el resultado sea siempre el mismo. La gastronomía no ofrece triunfos inmediatos: requiere incubación, desarrollo y disciplina constante. Un proyecto puede considerarse realmente consolidado cuando su estructura permite que el restaurante funcione con la misma calidad y eficiencia con o sin la presencia de quienes lo iniciaron.

En nuestro caso, ese camino tomó tiempo, pero supimos recorrerlo acompañados de colegas cercanos que también buscaban un cambio de vida y nuevos proyectos. Ellos han sido testigos de mis mejores y peores facetas, me conocen como amiga y como líder, en la preocupación y en la serenidad, en la exigencia y en la confianza.

Juntos hemos crecido, y esa complicidad es la que ha dado solidez a nuestro trabajo.

Un restaurante no puede sostenerse únicamente en el romanticismo, en un capricho o en decisiones tomadas por impulso, sin análisis detrás. Tampoco basta con la ilusión de independencia de quienes idealizan un negocio sin tener aún las condiciones necesarias para enfrentarlo. La cocina, por más creativa y emotiva que sea, también es empresa: exige congruencia entre lo que se refleja en premios y reconocimiento de los comensales y la rentabilidad que permite pagar nóminas, mantener operaciones y generar una vida digna para quienes lo hacen posible.

De nada sirve si el restaurante no genera el dinero suficiente para sostenerse. La verdadera trascendencia en la gastronomía está en lograr que el prestigio camine de la mano de la solidez económica, que la creatividad no se divorcie de la estrategia, y que la pasión por cocinar se traduzca en proyectos capaces de durar, crecer y alimentar no solo el alma de los comensales, sino también el futuro de quienes los construyen.

Liderar en negocios no es sencillo, hay que tener los pies bien puestos en la tierra. He aprendido que a veces nos emocionamos con un éxito repentino y perdemos el foco de lo que tendría que ser una administración responsable, creemos que ese golpe de suerte o alineación en los factores será para siempre, damos por hecho que porque el primer impulso fue bueno podemos bajar la guardia. Sin temor a equivocarme, cuando es así sé —por experiencia propia— que viene un fracaso seguro porque no hubo tiempo de consolidar el aprendizaje, se cantó victoria demasiado pronto. También hay que tener en cuenta que podemos equivocarnos con mayor frecuencia al inicio de un negocio, pagar por esos errores de forma precipitada y que eso se refleje en un mal manejo de los gastos, en adquirir deudas y perder la claridad sobre el flujo del dinero.

El sueño de muchos cocineros es que a nuestros emprendimientos les vaya bien, ponemos tiempo, esfuerzo, trabajo y dedicación, pero a veces simplemente no se da y los motivos pueden variar. He estado del lado de quienes afirman que no es por el dinero, y he vivido el sacrificio con tal de mantener a flote una empresa que tal vez ya dio lo que tenía que dar. Desprenderse duele, pero no significa fracasar: es, más bien, una experiencia de aprendizaje, como ocurre en cualquier otra industria. Cada cierre, cada cambio de rumbo, deja lecciones que fortalecen y preparan para lo que sigue. Repito esto porque a veces lo dejamos de lado: el dinero sí es importante, porque una inversión

es lo que paga los sueldos de los colaboradores, insumos de calidad, es esa reserva cuando se tienen inconvenientes y el servicio debe salir a como dé lugar, y al final de todo, es la ganancia del negocio.

Conviene ser objetivos con los resultados, valorar lo aprendido y soltar por las buenas, antes de que una deuda enorme nos impida cambiar de giro a uno donde probablemente podría irnos bien tanto a chefs y cocineros como a todo el equipo que está detrás.

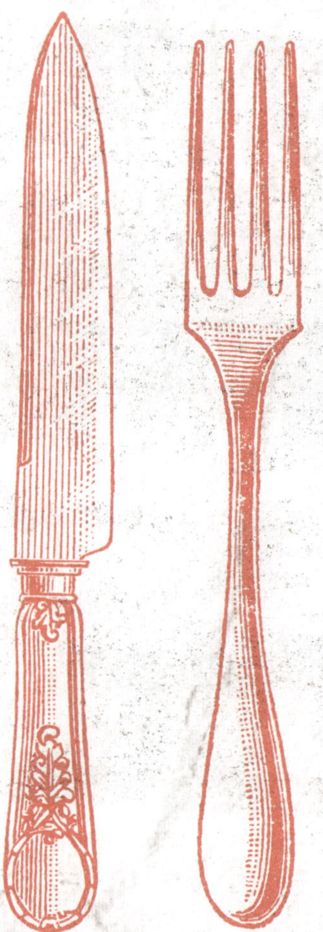

Nos conviene más celebrar la estabilidad de un negocio con el paso del tiempo, ya que se ha consolidado, que con los espejismos de un éxito repentino.

Cuando un emprendimiento avanza con paso firme sin tu presencia constante, cuando has logrado delegar responsabilidades y el negocio funciona con eficiencia, cuando las ganancias superan a las pérdidas, llega el momento de soltar parcialmente. Ese espacio permite que el equipo desarrolle autonomía, que aprenda a resolver y a tomar decisiones. Pero soltar no significa desentenderse: implica mantenerse atento al buen funcionamiento, acompañar desde otro lugar y asegurar que el crecimiento se dé de manera ordenada. Ese es, al final, el proceso más sano para el negocio y para quienes lo sostienen.

A lo largo del tiempo con Carmela y Sal, de abrir otras sucursales y ver que les va bien, o lamentar cuando sucede lo contrario, he hecho amistades y fortalecido las de hace años. Tengo la enorme fortuna de rodearme de personas que me dan consejos objetivos cuando los he pedido, de prever un poco las malas experiencias propias tomando en cuenta las suyas y de preguntar cuando hay detalles que no sé. La gastronomía, al igual que muchos otros rubros, es un medio en el que la comunicación es elemental, y estoy segura de que la vida también te regresa lo que haces por los demás cuando alguien te pide orientación o ayuda.

El compromiso con los comensales

El intercambio entre quienes nos dedicamos a la cocina y los comensales es fascinante. De entrada, alguien que elige ir a tu restaurante —teniendo tantas opciones— lo hace porque le atrae tu propuesta, porque recibió una recomendación o simplemente por curiosidad. Sea cual sea el motivo, ya está ahí y espera lo mejor.

Quienes trabajamos en gastronomía sabemos que el servicio debe salir adelante sin importar lo que suceda dentro o fuera de la cocina. Aunque estemos cansados, preocupados o de mal ánimo, al colocarnos el mandil debemos enfocarnos en el plan del día y ejecutarlo con excelencia. El comensal no tiene por qué interesarse en lo que ocurre detrás de la pared: viene a vivir un momento agradable, a disfrutar un plato bien hecho o, al menos, a saciar su hambre. Puede sonar duro, pero en la práctica es así.

Nuestros clientes llegan a celebrar momentos únicos, íntimos o compartidos, y es nuestra responsabilidad ofrecerles una experiencia a la altura de sus expectativas, ya sea para una persona, una pareja o un grupo numeroso.

En todo servicio los pilares son claros: calidad, atención y consistencia.

Esa será nuestra carta de presentación, lo que decidirá si vuelven o no. Y cuando hablamos de dar servicio a cientos de personas, lo fundamental es el orden y la coordinación: supervisar calidad, higiene, uniformidad, presentación y tiempos; anticiparse a lo que falte y contar con un margen de sobra para cualquier imprevisto. Un error en la lógica, percepción o comunicación puede poner en riesgo todo el servicio.

El acto de comer une dos mundos: el de quien prepara y el de quien recibe. Como restauranteros sabemos que no existen comensales perfectos; cada persona interpreta la comida desde su propia historia y expectativas. Lo que sí valoramos y agradecemos son los clientes empáticos, aquellos que comprenden la complejidad detrás del servicio. Y en ese mismo sentido, en el liderazgo de una cocina es indispensable mantener la serenidad: si el capitán pierde la claridad, todo el barco se tambalea.

Nunca debemos olvidar que alimentar a otros es un acto delicado: un descuido mínimo puede afectar no solo la experiencia, sino incluso la salud de los comensales.

Como chefs podemos intentar defendernos con explicaciones, pero al final el prestigio de un restaurante se mide únicamente en la experiencia vivida por quien probó la comida. Ese es, sin duda, el argumento más contundente y la verdadera defensa en gastronomía. Rafa siempre dice que para el comensal, eres tan bueno como el último plato que serviste.

Carmela y Sal, Vuelve Carmela y Vuela Carmela son mis proyectos de mayor tiempo y los que me han dado aprendizajes enormes; con ellos he entendido el valor de crear equipos, subsanar errores y mejorar. Al principio de esta vida de aventura gastronómica, yo tenía el deseo un poco romántico de tener un restaurante por el gusto y la satisfacción que nos da la comida. Pero en el camino he aprendido que se tiene que invertir mucho para ganar algo en cuatro o cinco años, si te va bien con la administración y las cuentas, los insumos y el manejo de personal; si no sucede algo fuera de nuestro alcance, como un desastre natural o de salud, como hemos visto que puede suceder en cualquier momento.

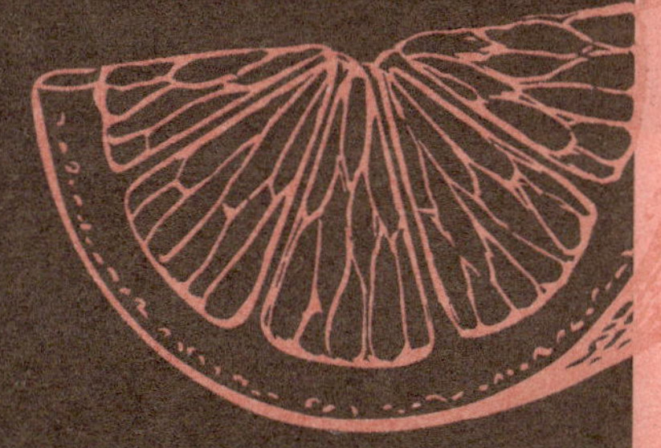

Un restaurante no sobrevive solo con sazón ni solo con números; perdura cuando la creatividad dialoga con la estrategia, cuando los procesos respaldan al talento y cuando el chef cede espacio al trabajo en equipo y a la visión empresarial.

El Remolkito: una sociedad taquera

Empezar un nuevo proyecto es una mezcla de muchos elementos. En mi caso, las emociones están a flor de piel. Me siento entusiasmada por los planes que hemos proyectado y que cada día se van materializando, aunque un poco temerosa, porque uno no sabe qué aceptación tendrá, si sobrevivirá las primeras semanas o habrá que esperar un par de meses o años hasta que las mesas estén llenas. Esa inquietud es natural, porque no representa un miedo que me paralice o por el que no pueda tomar decisiones, más bien lo veo como una sensación de respeto hacia el futuro y mis expectativas. Vengo de más de una década de éxitos y momentos difíciles, de planear, trabajar duro y tener todo tipo de resultados, y pienso que el día en que tenga un nuevo proyecto en puerta y no me emocione, piense en los pros y contras y dé por hecho que todo saldrá bien, habré perdido el entusiasmo por los nuevos retos. Así que me quedo con mi estado actual, que es tener los nervios de punta ante cada nuevo proyecto.

Tanto en las empresas como en la carrera profesional de un chef, la diversificación es

fundamental. Bajo esa premisa decidimos ampliar
nuestra propuesta gastronómica y emprender
una nueva aventura: asociarnos con una marca
muy reconocida de tacos: El Remolkito del
Sirloin. Este proyecto respondía también a una
inquietud personal de Rafa, de quien siempre
fueron sus favoritos. La idea se complementaba,
además, con un proyecto de salsas que yo ya venía
desarrollando desde tiempo atrás. Qué mejor que
unir pasión y estrategia en un concepto que forma
parte de la identidad gastronómica mexicana.

Nuestra relación con Luis Fernando González, *Fer
Remolkito*, fundador de El Remolkito del Sirloin,
nació desde la admiración por lo que ya había
hecho —y por lo que soñaba hacer.

Lo que distingue a Fer es su persistencia, esa
fuerza silenciosa que no se quiebra ante el
tropiezo y que, como el fuego en la brasa, vuelve
a encenderse cada vez con más intensidad. En
él, la voluntad se convierte en músculo y la
constancia en brújula; no avanza a golpes de
suerte, sino a pulso de empeño.

Cuando nos acercamos a él, lo hicimos con
el respeto que inspira quien ha sobrevivido
al camino arduo. Conocíamos su concepto,
valorábamos su historia, su caída, su
reconstrucción. Al conocerlo más de cerca a él
y a Cristhel, su esposa y socia, la convicción fue
instantánea: no queríamos simplemente sumarnos

a su marca; queríamos aportar estilos, visiones y energía auténtica.
Sabíamos que el mercado de tacos es competitivo, brutal incluso,
pero también entendíamos que la suma de identidades auténticas
podía crear algo nuevo con fuerza.

Porque Fer no es solo "un taquero exitoso": es un símbolo de
resiliencia, de cómo transformar la adversidad en impulso.
Esa es la historia que quisimos abrazar y continuar.

El camino con El Remolkito del Sirloin inició con la apertura de
una sucursal en la colonia Roma. En un principio el espacio donde
está ahora era Carmela DeMorada, que, como ya mencioné, fue un
proyecto que, pese al esfuerzo y la dedicación, no logró consolidarse
y que, con visión sensata de negocios, tuvimos que cerrar.

Posteriormente, se presentó la oportunidad de adquirir la sucursal
en la colonia Del Valle, que ya contaba con un año de operación y
que nos permitió consolidar la presencia del proyecto con bases más
firmes.

Finalmente, se sumó la apertura de la sucursal en la Terminal 2 del Aeropuerto Internacional de la Ciudad de México, un punto estratégico que representa tanto un reto logístico como una vitrina invaluable para mostrar nuestra propuesta gastronómica a viajeros nacionales e internacionales.

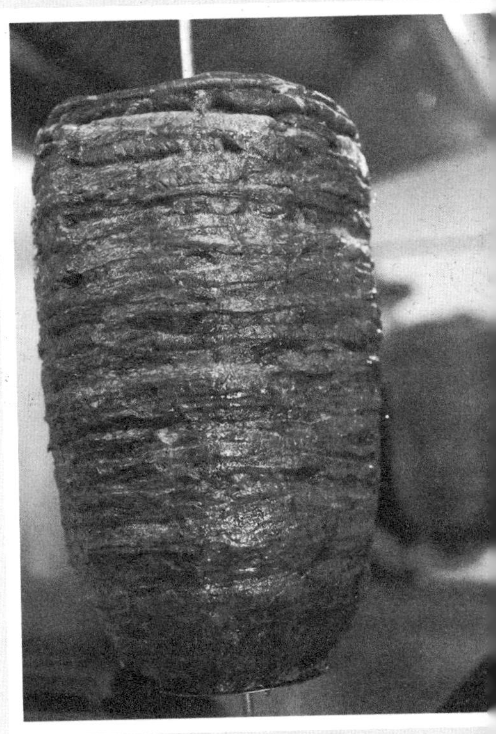

Nuestra colaboración se basó en confianza mutua y complementariedad. Me involucré personalmente en la cocina de El Remolkito para comprender sus procesos, aprender a montar un trompo y familiarizarme con la cocción perfecta de la carne. A partir de ahí propuse también un sello propio: salsas de temporada en el menú, siempre respetando la esencia de El Remolkito, cuyo emblema es su proteína.

Trabajar juntos nos permitió reconocer fortalezas y debilidades, abrirnos a la profesionalización de procesos y crecimiento empresarial. Fer, Germán, Rafa y yo tomamos decisiones en conjunto con la convicción de que, si a uno le va bien, nos va bien a todos.

EL SONIDO DEL CORAZÓN

Una vez tuve una pesadilla: el mundo se quedaba en silencio. Durante mi pesadilla cada cosa iba perdiendo sus sonidos: las películas volvían a ser grises y mudas, como hace mucho tiempo, las campanas de la iglesia ya no sonaban y la gente caminaba confundida por la plaza principal, no sabían si era la hora de tomarse un café calientito o un helado; los niños jugaban pero no se divertían y los que se fueron a los platanales a jugar a las escondidas podían perderse porque ya nadie oía sus risas. En medio de la bruma, yo sabía que algo extraño estaba por suceder, sentía un poco de miedo y de repente las palabras no podían salir de mi boca para explicarlo. Lo más feo de ese sueño fue que el tocadiscos de mi mamá dejó de sonar, el disco daba vueltas pero no se escuchaba, y las cuerdas de su guitarra solo eran hilitos brillantes con los que no podía componerse ninguna canción.

Me desperté muy asustada, ¡yo no quería quedarme en silencio! A mí me gusta escuchar danzones cuando estoy en la cocina, a veces le pido a mi papá que ponga una canción de rock los días que comemos sopecitos de chicharrón, o una polka cuando hay que preparar un pulpo, porque tenemos un secreto: el chef Aquiles, un muy buen amigo mío, dice que si le das unos golpes con bastante ritmo, queda más rico. Me encanta cerrar los ojos y suspirar cada vez que me como una sopa a cucharadas porque las baladas se me quedan más tiempo en el corazón. El mundo necesita música porque, al igual que la comida, es el lenguaje con el que comunicamos los sentimientos.

Se me ocurrió que podía pedirle ayuda a alguien muy especial y me fui al río a esperar a la sirena. Como hacía calor, metí los pies dentro del agua y estoy segura de que vi cómo mis dedos se ponían chatitos, ¿me estaré convirtiendo en una sirena yo también? ¡Pero no podía perder el tiempo!, así que como la sirena no llegaba, empecé a cantar. La verdad es que no canto tan bonito como mi mamá, pero tampoco lo hago mal, y en un par de minutos la sirena apareció. ¡Era más bonita de lo que me había imaginado! Su cabello estaba cubierto de flores del pantano, su cola brillaba bajo los rayos del sol y tenía unos ojos verdes ovalados, ¡nadie iba a creer que por fin la había visto! A cualquiera le hubiese dado miedo ver su cuerpo lleno de escamas tornasol, que brillaban hasta hipnotizarte, con esa mirada que te inmoviliza, pero yo sabía que la sirena no era mala, tan solo fantástica.

—Hola, Carmela, ¿qué necesitas? —me preguntó. Fue muy raro que supiera mi nombre, aunque quizás lo había oído por las veces que yo iba al río con mi familia y gritaban ¡¡¡Carmelaaaa!!! O porque las sirenas saben todo.

—El mundo se quedará sin música, y necesito evitarlo —le dije.

Entonces le expliqué mi plan. Al principio, ella me vio raro, como si no me creyera, pero era la guardiana de los ríos y después de sonreír, aceptó ayudarme. La sirena comenzó a cantar una de sus bellas canciones, la letra decía que todos los seres vivos se merecen la música, el sonido de un instrumento es un abrazo al alma y un regalo para el recuerdo. Cantaba tan bonito, que yo también lo hice cuando me aprendí la canción, y mientras las dos coreábamos, mantuve abierta una cajita de madera de caoba para que ahí se quedara cada sonido de la mágica canción de la sirena.

—Nos vemos pronto, Carmela. Nunca dejes de cantar —susurró antes de sumergirse de nuevo en el río.

Lo que me sucedió fue mágico, ¡ni siquiera el Güero horchata me creería! Pero todavía tenía una misión y no podía esperar a que oscureciera. Tomé la cajita de caoba y fui al centro del pueblo, ahí la abrí y dejé que el aire se llevara un poco de la música de la sirena; después hice lo mismo cerca de la escuela primaria, luego enfrente, donde está la tostadora de cacao que cada tarde llena las calles con su delicioso aroma. Caminé por todo el pueblo hasta que las estrellas y la luna se asomaron, y estoy segura de que no hubo un solo rincón al que no le llegara un poco del canto de la sirena. Por fin, cuando estuve en mi casa, dejé la cajita abierta junto al tocadiscos de mi mamá, segura de que mi misión había salido muy bien.

La voz de la sirena seguía sonando en mi mente como un hechizo, como si yo también perteneciera al mar pero mi misión en la vida estaba en la tierra, con el humo de la parrilla de mis abuelos y el aroma del café por la mañana. Esa noche soñé con un gran espectáculo, ¡un concierto! Había guitarras en el escenario, una batería, un bajo eléctrico y hasta un coro. Todo mundo cantaba una canción: el sonido de un instrumento es un abrazo para el alma y un regalo para el recuerdo.

Desperté muy feliz, el canto de la sirena del río había cumplido su misión. Y ese día, mientras salía hacia la escuela, en las calles se oía música: una gotita que caía sobre una cazuela, el chiflido de una señora que alimentaba a sus pollitos, el canto de los pájaros que se paraban en la rama de un árbol, y hasta la grabadora de un puestito de sandías que se ponía en la banqueta desde muy temprano. Definitivamente la sirena y yo habíamos hecho un excelente trabajo. ¿Ustedes también creen que la música ilumina nuestra vida?

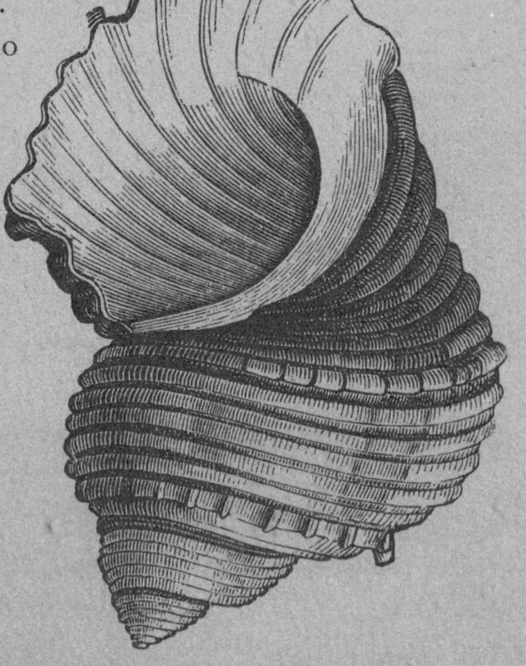

DEL CAMPO Y EL MAR A LA MESA

La importancia de la materia prima

Mi infancia en Tabasco transcurrió durante varios años en los que mis sentidos estuvieron en contacto con olores y sabores extraordinarios que después transformé en alimentos, al tiempo que los relacionaba con mis emociones. Esa tierra tan bondadosa fue determinante para que mi futuro se encaminara hacia la comida, solo que cuando el sueño comenzó no me imaginaba qué pasaría cuando se hiciera realidad. La llegada a la Ciudad de México fue toda una revolución tanto personal como laboral. Di el extra cada día desde el inicio porque confiaba plenamente en el proyecto y, así como mis socios habían confiado en esta alianza, yo era —y sigo siendo— consciente de que nada se da solo porque sí, la suerte tiene que hallarte trabajando. Tenía una idea muy clara de mi cocina y Carmela y Sal ganaba comensales fieles que buscaban el sabor en

los ingredientes que les presentábamos, entonces comprendí la importancia de que fueran los mismos ingredientes que usábamos en Gourmet MX, nuestro restaurante de Villahermosa que se convirtió en Vuelve Carmela precisamente porque representaba "volver" a mi centro, a lo que soy. Ambos restaurantes, cada uno en una ciudad distinta, necesitaban mantener la calidad con la que yo me movía en la cocina, y la única forma de hacerlo era teniendo los mejores ingredientes, que definitivamente debían ser de Tabasco.

Tengo muy presente haber crecido en una ciudad pequeña en la que podías conseguir algunos insumos con los vecinos, ya fuera porque ellos tenían animales en sus tierras o se dedicaban directamente a la agricultura, ganadería o pesca, porque en su casa tenían un pequeño huerto y cultivaban plantas comestibles, como la hierbabuena y diferentes chiles, o preparaban los condimentos y recados en sus cocinas. En mi familia a veces era así, se tomaba el chocolate que se molía ahí mismo, mezclándolo con canela y azúcar, o el pozol cuyos granos del maíz pasaban por el molinillo metálico y así, fresco y con hielo, también sabía a hogar. A muchos de la generación a la que pertenezco nos regalaron pollitos cuando éramos niños, y resultó que después ese pollito se convirtió en una gallina que dio muchos huevos y sirvió para un rico mole. Son anécdotas que parecen de hace décadas y no, sigue sucediendo en lugares más pequeños, solo que en la ciudad poco a poco se diluye el contacto con la tierra y los recursos naturales por obvias razones.

Mi abuela me dijo una vez que en sus tiempos para cocinar uno tenía que saber hacer todo desde cero: sacrificar un animal con el respeto debido para alimentar a alguien, tomar algo de la tierra que sembraste y cuidaste hasta que el producto tuvo la madurez necesaria, transformar el maíz en masa y saber de dónde viene cada cosa que termina en las ollas o en la mesa. Ese trabajo indispensable es el que hacen nuestros proveedores, uno que tenemos que valorar y respetar porque al día de hoy la inmediatez nos ha hecho cocinar de forma muy superficial, todo nos llega rápido, siempre listo, y perdemos de vista que cocinar en realidad también es transformar la materia prima en un platillo que soñaste pero que solo es posible gracias al delicado y cuidadoso trabajo del otro. Como cocinera y comensal me doy cuenta de la calidad de un producto con tan solo probarlo; identifico el sabor intenso de una maduración que se dio con paciencia y cariño, o la textura de la carne de un animal que fue criado en buenas condiciones y tratado con respeto.

Sé que varios de mis colegas cocineros y chefs, luego de muchos años de carrera, buscan el origen real de los ingredientes: cómo es la comunidad donde se produce una fruta, qué tipo de suelo tiene ahora, cómo han mejorado las condiciones de vida de quienes cada año se encargan

de proveernos de un insumo de temporada, qué ha cambiado con el exceso de lluvias o las sequías y de qué forma ellos y nosotros nos vemos beneficiados o perjudicados. Nosotros, quienes nos dedicamos a la cocina, somos un enlace entre el campo, el mar y los comensales, por eso es importante que conozcamos de primera mano de dónde viene cada alimento, paguemos lo justo e intentemos ayudar a las comunidades que habitan y a la conservación de los lugares donde estos se dan.

La cocina en la que creo es la que se basa en el respeto por la naturaleza y por la gente que conforma la cadena de producción.

Como los comensales saben, mi cocina está muy arraigada a la tierra y el origen. Con los pescados pasa algo muy curioso: Carmela y Sal está en la Ciudad de México y aquí el manejo de materias primas tiene un orden, la mayoría de los pescados llegan directamente a La Viga, que es un depósito enorme de productos del mar donde tanto restauranteros como cualquier persona pueden ir a comprar una variedad enorme de pescados y mariscos; pero lo que no se logra vender ahí regresa a su lugar de origen. Sé que, en cuestión de frescura, un restaurante en la costa tendrá un pescado casi recien sacado del agua, y ni cómo ganarle. Yo soy una obsesiva de la frescura, y no podía esperar todo ese margen entre el puerto de origen y La Viga; eran muchas horas.

Yo buscaba acortar ese tiempo yendo al punto
inicial del recorrido: viajamos a Sánchez
Magallanes, en la costa tabasqueña; ahí
platicamos con uno de los pescadores para
colaborar con él y tener producto recién pescado.
Le dijimos que queríamos que trabajara cien
por ciento para Gourmet MX y Carmela y Sal.
Le compramos una lancha y una camioneta, lo
pusimos en nómina y lo convertimos en proveedor
directo de la materia prima. Estas alianzas
funcionan pero requieren de mucha coordinación,
confianza y compromiso. Un buen plato viene
de una buena materia prima, y el que tendrá el
comensal en su mesa es el resultado del esfuerzo
de gente de Tabasco.

Al inicio de esta aventura, hace más de doce años,
Rafa y yo teníamos un sueño muy grande, ahí
pusimos nuestros ahorros, energía y emoción.
Nos tocó ir de mercado en mercado, preguntar

por la mejor carne, escoger las frutas y verduras tanto de temporada como las que llegaban de otras zonas, buscar a alguien porque otra persona nos lo había recomendado, conocer el lugar donde un productor de queso procesaba para tener una materia prima de alta calidad, y así fue como dimos con don Rodo. Él es uno de los productores que más quiero, es propietario de Quesos El Tío Rodo, y sus productos han sido parte de nuestra carta desde el día uno; ahora también les surte a algunos amigos chefs enviándoles materia prima desde su negocio en Tenosique, Tabasco. En cualquier episodio bueno o malo de mi carrera él ha estado conmigo, celebrando y también apoyando cuando lo he necesitado. Don Rodo nos provee de un queso extraordinario cuyo proceso de ahumado artesanal dura entre dos y diez horas, dependiendo de la humedad, temperatura y condiciones del ambiente.

Conforme hemos crecido, don Rodo se ha ajustado a los requerimientos de los servicios y restaurantes, incluso si tiene un "queso nuevo", con un proceso diferente y nos lo da a probar, vemos el potencial para incluirlo en la carta porque hay garantía de que formará parte de un plato delicioso. Él me sugirió los chiles y la miel con los que podríamos servirlo, esta es una miel llamada de palo caído, porque cuando se cae un árbol las abejas hacen su panal ahí, entonces la miel que resulta tiene un sabor un poco más profundo, incluso especiado.

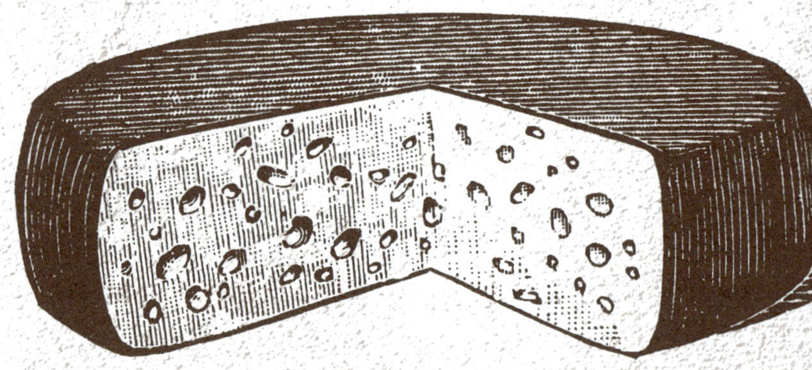

Estas recomendaciones, cuando llegan de los productores, tienen un sentido diferente, porque ellos están en contacto con la naturaleza y saben detalles del producto que lo vuelven más interesante al momento de cocinar.

Productos indispensables

El corazón de mi cocina está en los ingredientes con los que crecí, cuyos sabores me han permitido explotar mi creatividad. Acercarme a los productores tabasqueños desde los tiempos de Gourmet MX fue un parteaguas para el desarrollo de mis recetas. Comprendí que el momento para sacarle provecho a los plátanos, ingrediente indispensable en mi cocina, no se reduce únicamente al punto de sazón antes de ser comido, sino que según su tiempo de maduración podemos aprovecharlo para distintos propósitos.

El racimo de plátanos tiene una maduración de corte desde de los nueve meses —que es cuando, todavía verde, empieza a distribuirse— hasta los trece, que está totalmente maduro para consumirse. Hemos acordado con nuestros proveedores que esperen a que el plátano madure en la tierra la mayor cantidad de tiempo posible, hasta los

trece meses y una semana, aprovechando agua, sol y las bondades de
la naturaleza en lugar de tener una maduración en una nave industrial.
El fruto adquiere un sabor potente y único, que inunda el paladar cuando
se combina con otros ingredientes.

Otro producto con un proceso similar es el coco. Con el coco hay que
tener mucha paciencia para aprovechar al máximo sus momentos de
maduración. La palmera, que capta el agua desde el inicio de la formación
del coco, mantiene únicamente líquido en su interior hasta el séptimo
mes, que es cuando aparece una capa muy fina de carne con consistencia
gelatinosa. Es aquí cuando se puede sacar el agua de sabor no tan fuerte
y absolutamente refrescante; a mí me gusta potenciarlo con unas hojas de
hierbabuena. Antes del décimo primer mes el coco aún es joven y su carne
se puede comer con cuchara; yo la uso para trabajarla como si se tratara de
cueritos de cerdo porque absorbe muy bien los sabores de su preparación.
Un coco completa su maduración al cumplir los doce meses, entonces tiene
la grasa a tope, la carne es más firme y perfecta para postres; en alimentos
salados es la materia prima de mi minilla de coco. Este ingrediente es tan
bondadoso que su ciclo no termina ahí. Hacia el mes trece en el interior se

desarrolla la manzana del coco, tiene
la consistencia de una esponja, combina la
grasa, el perfume y dulzor del coco; la he
usado en postres y hasta en un tamal dulce
con crema de vainilla de Papantla.

Los lácteos también son un producto tan
noble como versátil, pues le aporta variedad
y sabor a cualquier preparación. En cada una
de mis cocinas indiscutiblemente se sirven los
quesos de Tabasco: el queso doble crema, que
con un toque ácido parece que se deshace en
la boca y corona los paquetitos de plátano;
el queso de hebra, tan jugoso y fresco que
sabe delicioso caliente o frío, desde que era
niña podía comerlo sin parar; el queso de
hoja, que mantiene su frescura porque está
cubierto con hoja de plátano y al probarlo
también se siente cremoso sin ser invasivo; o
el queso de poro, ácido y firme a pesar de su
consistencia porosa, que inmediatamente
se impregna del sabor de otros ingredientes
sin perder su identidad. Cuando cocino con
la crema de rancho sé que al primer bocado
sorprenderá al comensal, ya que es ácida,
pero con un punto de grasa alto y preciso
para equilibrar sabores fuertes.

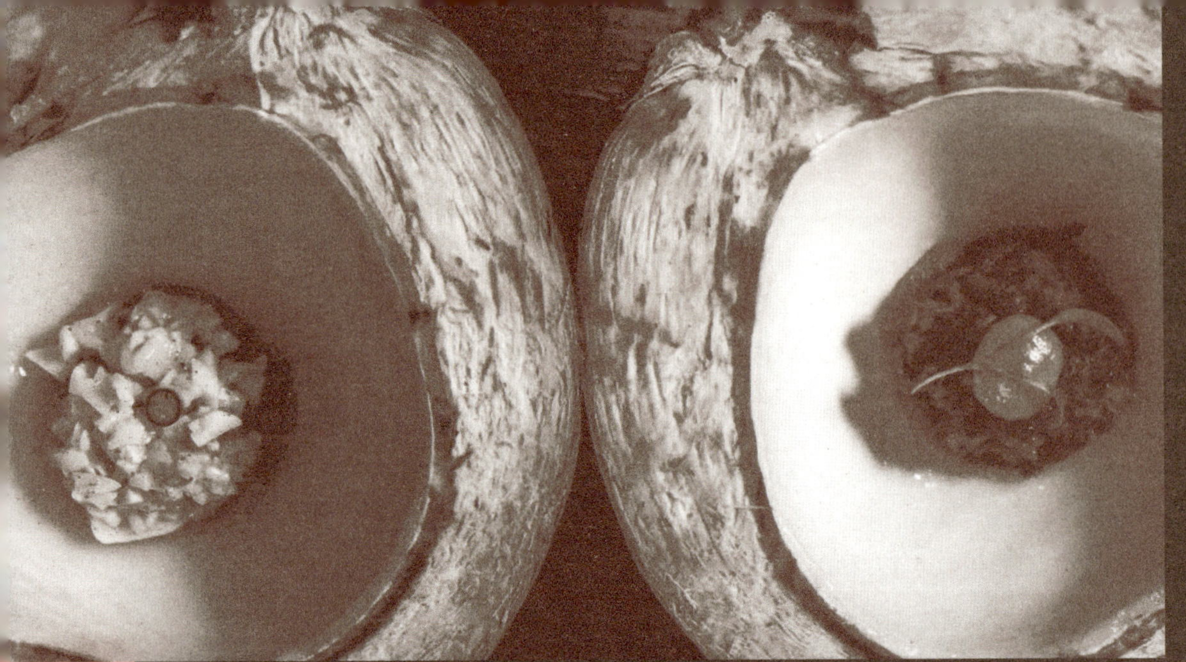

Mi proveedor de la carne de cordero es mi amigo Beto Maurer, de Huimanguillo en la región de la Chontalpa. Su sabor es peculiar por el tipo de alimentación y cuidados que les da. Beto se dedica a la industria naranjera y, al extraer enormes cantidades de jugo, suele tener un exceso de bagazo, por lo que hace años se le ocurrió alimentar a sus corderos con el excedente. La idea resultó en un sabor único de la carne, de consistencia suave, incluso con poco reposo en el fuego adquiere notas como si hubiese pasado mucho tiempo marinada. Desde que la carne de cordero de Beto entró a nuestro menú ha conquistado comensales, que lo piden en cada visita; nos complace satisfacerlos con una carne única en todos los sentidos, ya que Beto, quien no se dedica de lleno a la cría de corderos, solo tiene los nuestros por este compromiso basado en el aprecio.

Recientemente fui a los campos donde se cultivan las nueces de Castilla que usamos en nuestra cocina, en la región al pie del volcán Popocatépetl, en Puebla. Esa zona es abonada por el material de las exhalaciones, la ceniza nutre la tierra y lo que crece ahí, ya sean frutas, verduras, granos, semillas o flores, se da en abundancia. Conviví con las familias de los recolectores y algo me llamó la atención: trabajan prácticamente todos los miembros de la familia, una de las niñas que ayudaba a sus papás se acercó a mí y me mostró sus manos, eran hermosas, se veían muy suaves, quizá por los aceites de las nueces.

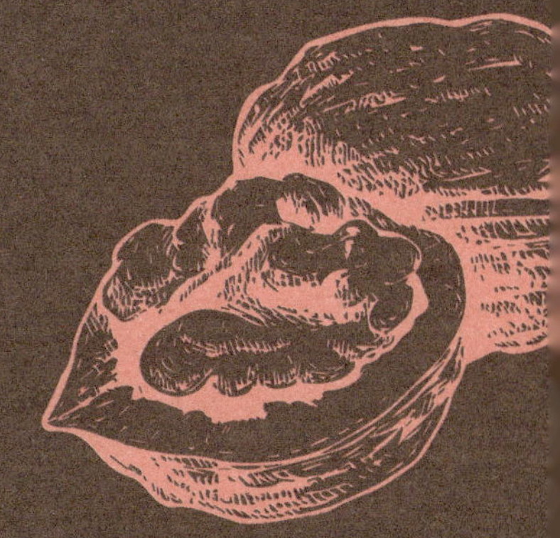

Cada vez que viajo a Tabasco me gusta darme el tiempo necesario para visitar a mis productores de confianza, entre ellos a quienes me surten el picor favorito de Carmela, el chile amashito. Este es un chile emblemático de la región, verde, pequeño y de sabor fresco pero potente, ideal para un ceviche o una salsa. El chile amashito crece a la sombra de los árboles y tengo muy presente que cuando vivía en Comalcalco y Villahermosa me lo encontraba en todas partes, desde los cruces de calles hasta los montoncitos en el mercado. Hoy sigue siendo de mis favoritos.

Estar en contacto con quienes nos proveen me ha ayudado a entender un poco mejor la gastronomía mexicana. El productor se vuelve tu aliado, tu amigo y hasta parte de tu familia o tú de la suya.

Su trabajo es muy importante para quienes estamos en la cocina, porque las materias primas son la base de nuestra labor. Y si bien buena parte de las relaciones con los proveedores inicia porque uno necesita vender y el otro tener insumos de calidad, los vínculos que establecemos a lo largo de los años se vuelven más entrañables. Me gusta mucho ser su amiga, que me quieran y que haya una buena relación, porque también, como parte de este negocio, nos conviene a ambos.

Mis proveedores se encargan de surtirnos con el mismo compromiso que nosotros ponemos en asegurar que este intercambio continuará porque la buena relación entre comensal, cocina y proveedor ayuda a que las fuentes de trabajo se mantengan.

Tiempos de maduración

VAQUITA LINDA Y HERMOSA

El fin de semana será de fiesta: ¡mi mamá cumple años! ¿Cuántos? No lo sé, yo creo que los suficientes para enseñarles a muchos niños a tocar la guitarra, a mí a saltar la cuerda y cocinar sopecitos de chicharrón y esquites con chile y limón. En la casa haremos una gran fiesta, bueno, no muy grande porque solo irán sus amigos y nuestra familia, pero ella será muy feliz. Y mientras pienso en los preparativos me pregunto por mi Güero horchata, ¡hace mucho que no lo veo! ¿Sabrá que me gusta? Ay, qué ganas tengo de que sonría y sus pecas se muevan como si pudieran cambiarse de lugar. Mientras me pierdo en ilusiones, mi mamá me encarga una misión: ir con don Rodo a comprar queso fresco.

La granja de don Rodo es increíble: tiene muchas vacas y todas las mañanas hay que ordeñarlas; por las tardes él y su familia preparan los quesos que venden en nuestro pueblo y alrededor y por las noches tratan de no hacer ruido para que las vacas descansen, porque si no duermen lo suficiente, la leche puede salir agria. ¿Sabían que las vacas duermen de pie?, ¿que tienen cuatro estómagos?, ¿que algunas hasta saben nadar? Cada vez que vengo con don Rodo aprendo muchas cosas mientras pruebo los quesos que tiene en el refrigerador: requesón para los días de verano, queso fresco para que caiga sobre los frijoles negros como si fuera nieve, queso crema para un rico postre, quesillo que hay que deshebrar como si fuera una laaarga trenza. Si me toca escoger solo uno ¡no puedo!, termino llevándome un poquito de todo.

—Hola, Carmela —me saluda don Rodo, soplándose con su sombrero porque hace mucho calor—. Ven a conocer a la Chucha.

La Chucha es una nueva vaca, acaba de llegar de otro rancho y las demás vacas la recibieron muy bien, una hasta le guiñó un ojo y otra le regaló un poco de su alimento. La Chucha es enorme, tiene manchas por todo el cuerpo, ¡hasta parece vaquita de comercial!, muge muy chistoso y produce mucha leche. Don Rodo me señala el banco donde él se sienta a ordeñarla. Chucha es muy grande, me da un poco de miedo porque me mira con sus enormes ojos negros y esas pestañotas lacias y largas que parecen abanicarse.

—Vamos a hacer un experimento —me dice don Rodo y yo no sé qué es lo que planea—, espérame tantito.

Cuando regresa, trae una grabadora y la conecta junto al foco que alumbra el establo, entonces la música comienza a sonar. La tarea parece muy sencilla pero no lo es: la Chucha solo se deja ordeñar cuando hay música, y a mí me toca tratar de que saque su mejor leche. Las ubres de una vaca se sienten muy chistosas entre las manos, hay que tomarlas con cuidado y firmeza, sin jalarlas con brusquedad porque puede ser peligroso, y esta vaquita solo se relaja si oye algunas canciones.

—Muy bien, don Rodo, ¡aquí voy!

La leche cae en la cubeta al ritmo de las percusiones, la vaquita muge porque es como si cantara y yo nunca había seguido el ritmo de una vaca, pero en la

granja siempre se aprende algo nuevo. Cuando me doy cuenta, la cubeta ya está llena, hay tanta leche que don Rodo coloca una nueva y me dice que a la Chucha le gustan mucho esos conciertos, que la leche que sale de ahí cada mañana es la más deliciosa de toda la granja y la que produce los mejores quesos. Yo le creo porque si alguien sabe de leche y quesos es don Rodo, así que sigo ordeñando, ahora a otro ritmo, cuando suenan las baladas es porque la Chucha está por concluir la función.

—Nunca había sido parte de un espectáculo así —le digo a don Rodo, feliz de ver las cubetas llenas de leche.

—Por cierto, Carmela, ¿a qué venías? —me pregunta, y los dos nos reímos mucho porque con la emoción de conocer a la Chucha ¡se me olvidó el queso fresco!

Llegué a la casa y ya estaban las carpas blancas en el jardín, para protegernos del sol, un trío musical estaba a punto de tocar, flores por aquí y por allá, desde tulipanes hasta margaritas, y un comal enoooorme donde había tortillas que se inflaban una por una, listas para hacerse un taquito de manteca, sal ¡y queso con frijoles!

—¿Por qué tardaste tanto? —me pregunta mi mamá cuando le entrego el queso.

—Es una laaarga historia, digamos que estuve en un concierto muy peculiar —le respondo, aguantándome la risa.

Si yo les contara del talento de la Chucha, no me lo creerían, pero ustedes sí, ¿verdad?

Después de la fiesta, donde hubo mucha música, comida y baile, pienso: ¿qué pasaría si en lugar de una canción alegre la Chucha hubiera dado leche con una música más… sombría?, ¿a qué saben las baladas tristes? No lo sé, aunque por la noche, antes de dormir, trataré de imaginarme el sabor de las canciones de miedo.

MÁS ALLÁ DE LA COCINA

Cuando pienso en el momento en el que supe que quería dedicarme a la cocina entiendo que no fue solo porque sí, sino que mi deseo representa una receta de varios ingredientes: mi gusto por ver a la gente comer y disfrutar los alimentos, transformar un mal día en uno más amable a través de un buen plato que les abrazara el alma; los instantes en familia en que nos reuníamos en torno a la mesa para probar algo nuevo o porque tocaba celebrar con un guiso especial; e indudablemente, el pertenecer a una generación influida por la televisión, porque a través de la pantalla podía viajar a otros lugares y conocer diferentes culturas por medio de su gastronomía. Los programas de televisión también fueron ese puente para ver que comer rico es universal. Aquella idea se quedó en mi subconsciente y el destino dio unos cuantos giros para llevarme por el camino correcto, uno que hacía sonreír a mi yo de la infancia.

La pandemia, si bien fue un periodo muy complicado para todos, en especial para quienes nos dedicamos a dar servicio, también trajo consigo diferentes oportunidades para Carmela y Sal y mi carrera. Desde hace muchos años he estado muy activa en redes sociales, tengo seguidores desde que abrimos Gourmet MX, y cuando comencé a compartir las historias de Carmela. Me gusta compartir fotos de lo que como, de lo que cocino e incluso de mi día a día, solo por el gusto de tener un vínculo con las personas que se han ido sumando a mi cocina y mi vida, aunque también veo las redes sociales como una muy buena herramienta de trabajo. Me pareció muy natural subir historias de mi proceso, de cómo cocinaba, si me equivocaba o no llegaba al sabor preciso que me había imaginado y volvía a cocinar hasta que me saliera como yo quería.

Así fue como Cristina Mieres, creadora de Gastrolab, el ya icónico suplemento gastronómico de *El Heraldo de México*, se puso en contacto conmigo para invitarme a participar en un programa de cocina. Dije que sí porque me parecía interesante el formato, sobre todo en un momento en que las personas buscaban hacer actividades. Esta propuesta la recibí como un halago que he agradecido muchísimo, pues me ha llevado a conectar con personas a través de la pantalla, tal vez algunos cocinaban por primera vez y otros probaban distintos estilos para variar en sus propios gustos. Gastrolab ha reunido a chefs y cocineros de distintos lugares de México, enamorados de forma diferente de nuestra gastronomía, en esta temporada los conductores somos Paulina Abascal, Israel Aretxiga, Pepe Salinas y yo, pero en temporadas anteriores han estado Mikel Alonso, Ana Martorell, Jorge Vallejo, entre otros chefs importantes.

Al principio les tenía un poco de miedo a las cámaras, yo no me la creía, y esto me parece muy importante como un tema de conversación vinculado a los negocios, porque muchas veces rechazamos las oportunidades que se nos presentan por el miedo a que se pueda fracasar o que no salga como pensamos; algo que en realidad no existe, por el simple hecho de que ni siquiera lo hemos intentado.

En cuanto comencé, tenía la idea de querer hacerlo a la perfección, porque yo soy así, pero poco a poco me fui relajando y empecé a disfrutar el proceso de grabar. Disfruto muchísimo la cocina y también quería que los demás me vieran con naturalidad. Si había alguien al otro lado de la pantalla que nunca se había acercado a la preparación de alimentos y se animaba a hacerlo viéndome a mí, yo sabía que con esa experiencia había ganado su confianza.

Durante mucho tiempo me pregunté cómo sería el mundo de un chef delante y detrás de cámaras, cómo se planea un programa de cocina, en qué momento la televisión hace su magia. Cuando me tocó hacerlo comprendí mejor cómo es un proyecto de esta magnitud, que hay todo un equipo involucrado y que quienes aparecemos en un programa entramos a la cotidianidad de quienes nos ven. Salir en un programa de cocina tiene muchos beneficios a nivel profesional, porque se hace con gusto, cocinas sin tanta presión, llegas a una audiencia enorme que al ver tu proceso sabe que ellos también lo están haciendo bien o se acercan a preparaciones que antes no conocían.

La visibilidad de los medios de comunicación masiva puede servir positivamente también para que otras personas se acerquen a la cocina y la compartan con su familia, que tu receta esté en sus mesas tal cual o la hagan suya agregando o restando ingredientes, y que luego te comenten que fue un éxito.

Para quienes crecimos viendo algunos programas de televisión, esta experiencia es doblemente significativa. A Gastrolab le agradezco haberme invitado, porque la comunidad que se ha generado a partir de mi primera participación ha ido creciendo, y ocasionalmente alguien me etiqueta en sus historias o publicaciones enseñando cómo le quedaron mis recetas, a veces incluso se ven mejor que las mías.

Iron Chef

Los programas de cocina en la televisión son impresionantes. Nos emocionamos con los retos, imaginamos qué cocinaríamos si estuviésemos en el lugar de los participantes e incluso sentimos los sabores de los platos cuando son presentados. Así era la emoción que yo vivía siendo niña y adolescente cuando mi mamá y yo veíamos Iron Chef en su versión de Estados Unidos y yo jugaba a que era la chef Cat Cora.

Años después, el destino daría una de esas vueltas que te dejan sin palabras, cuando la producción me buscó para ser parte de la versión mexicana. Empecé a recibir llamadas de la producción justo en el momento en que planeábamos la apertura de Vuela Carmela, cuando estaba a tope de responsabilidades, sacando adelante varias cosas al mismo tiempo, por lo que lo primero que pensé fue decir que no. Veníamos de un confinamiento

y valía la pena que me enfocara en la sucursal del aeropuerto. Antes de hablar bien con la producción del programa yo pensaba que me querían como retadora —uno de los ocho chefs invitados para competir contra uno de los tres Iron Chefs—, por lo que fue una enorme sorpresa cuando supe que en realidad me querían como uno de los Iron Chef del programa. Acepté de inmediato.

Me parece una historia muy bonita porque me confirma que cuando trabajas y te enfocas en lo tuyo, otras cosas llegan sin que las busques. Yo veía como inalcanzable ese programa, era lo que veíamos en casa en nuestros momentos familiares y tenía un vínculo bonito con ese recuerdo. El hecho de que se materializara en realidad me tenía volando de la emoción, porque la plataforma en la que se transmitió es de las más importantes del mundo. La verdad es que estaba muy nerviosa, y no era para menos, todos sabemos que las producciones de estos programas son inmensas, pero nunca me imaginé qué tanto: grabábamos en un estudio enorme muy bien acondicionado para que la calidad fuese igual a la del Iron Chef que conocemos; llegaron personas de varios países del mundo, ingenieros, diseñadores, asistentes, siempre había expertos al pendiente de cada detalle; todo eso me imponía, al punto de quitarme el sueño por los nervios y la emoción.

Me propuse darme el tiempo, la atención y preparación para todo, sin que un proyecto interfiriera en el otro. Lo mío iba a ser buscar oportunidades, dar lo mejor y seguir creciendo. Sabía que la televisión me retaría en más de un sentido, pero valía la pena intentarlo.

He aprendido que se puede ser exitoso a pesar de los fracasos, que quien no lo intenta por miedo a algo que aún no existe es quien se queda siempre en el mismo sitio, y a mí me encanta el movimiento, soy amante de los desafíos, porque descubrí que tengo la fuerza para cumplirlos y crecer a través de ellos.

Un *reality* de cocina te reta en muchos sentidos, piensas que lo sabes todo porque dominas tu disciplina, pero hay nervios, una estructura y estás compitiendo; después, cuando ves el programa, piensas en lo que hubieras hecho, pero el hubiera no existe, tan solo los retos, y de eso se trata, de dar lo mejor en la competencia y en la vida.

En cada capítulo uno de los chefs retadores enfrentaba a uno de los Iron Chefs en un duelo contrarreloj de 60 minutos. Cada chef era asistido por dos cocineros; a mí me acompañaron las chefs Sofía Sada y Cecilia González. Teníamos que presentar al jurado cinco platillos inspirados en una temática que se anunciaba al inicio del capítulo, y debía incluir ingredientes sorpresa que se anunciaban también al inicio. El capítulo en el que perdí me tocó enfrentar a la chef Claudia Ruiz; fue con la temática callejera y con el que considero el ingrediente de mi vida: el cacao. Me dolió, honestamente, pero me dio una gran lección: confía en tus habilidades, pero nunca des por hecho nada. Me mentalicé con que aquel sería mi gran episodio, entré muy confiada, segura de que cocinaría con el corazón, pero me faltó ponerles más atención a los detalles. En aquella ocasión salí muy molesta conmigo, me frustró mi desempeño y me culpé mucho porque solo pensaba en el hubiera. Después, con más calma, agradecí la experiencia y entendí que así debía ser, porque la chef Claudia Ruiz estaba contando una historia preciosa a través de sus sabores, que es precisamente lo que yo intento en la cocina. Ella inspiró a muchas personas con su trabajo y se llevó digna y honrosamente el triunfo. Aprendí de ella como aprendí de mí.

Y esto, aterrizado a la cocina, significa que nunca hay que relajarse por completo, los sentidos deben estar atentos a cada detalle y hallar el punto exacto que pueda sorprender al comensal, contarle una historia y no perder de vista que preparamos una receta para alguien que también reaccionará mediante las emociones que ese primer bocado le produzca.

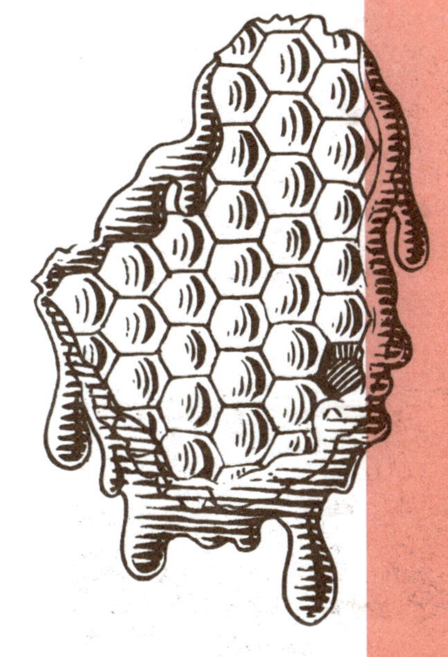

Iron Chef fue algo extraordinario en mi vida, siento que me dio el impulso para continuar preparándome, manejar mejor mis nervios y estar en equilibrio con mi trabajo en situaciones límite. No me arrepiento de haber hecho esos pequeños sacrificios de descanso o días libres, porque la satisfacción por cada proyecto es enorme. A veces llegan a Carmela y Sal familias con niños que me vieron en el programa, que recrearon las recetas en casa, y me llena el corazón verlos como me vi hace muchos años después de cada programa que veía. Solo que, a diferencia de ellos, yo no pude estar cerca de los chefs, y es por eso que valoro mucho que la virtualidad y la televisión me acerquen a personas para quienes la cocina es muy importante, sean niños o mayores.

Me encantaría volver a hacer un *reality* de cocina, porque también soy una persona que vive arriba y abajo, a veces necesito paz, pero las emociones fuertes son lo mío, el contrarreloj, que me reten para ver hasta dónde soy capaz de llegar. Tanto en la vida como en la cocina, se necesita un poco de caos para disfrutar el equilibrio de las cosas bien hechas. En este momento me siento más cómoda delante de las cámaras y sé que quizá podría reaccionar diferente, he aprendido algunas lecciones, sobre todo a disfrutar lo que hago. Me emocionaba la idea de que mi familia me viera en televisión, y ahora que soy mamá me ilusiona que Martina pueda reconocerme en un programa y se sienta orgullosa de lo que hago.

Usualmente tengo presencia en medios, tanto en televisión como en redes sociales, porque es parte de la cocina actual, pero también disfruto mucho el bajo perfil: estar en la cocina por el gusto de hacerlo, por los sabores, sin pantallas cerca. La visibilidad me ha abierto puertas no solo profesionales, sino con personas que siguen mi trabajo y por eso se acercan a saludarme con cariño, a decirme que algo que preparé en pantalla es como lo comían en su casa o que tal receta nunca se les hubiera ocurrido con ese ingrediente. En la Ciudad de México y en algunos lugares de la República es común que suceda, pero la primera vez que me pasó fuera del país fue impresionante. Recuerdo una ocasión que viajé a Europa con otros colegas, comimos en un restaurante de un chef al que admiramos mucho, y al momento de pagar el mesero nos dijo que la cuenta estaba cubierta, había sido la instrucción del chef. En el ambiente gastronómico es común que sigamos el trabajo de los colegas, igual que en el arte, pero me sorprendió que un chef con esa trayectoria supiera de mí y lo que he hecho, y mucho se debe a la exposición en medios de comunicación y a las oportunidades gastronómicas dentro y fuera de México. En aquella ocasión fue por Iron Chef, pero también por las menciones en revistas, los comentarios sobre Carmela y Sal y el boca en boca de otros colegas.

Mi participación en Iron Chef fue muy intensa, la recuerdo como un reto y algo que me marcó positivamente en este camino lleno de sorpresas. Nunca se me hubiera ocurrido salir en un programa de televisión en formato de competencia. Tenía bastante trabajo en la cocina de Carmela y Sal y las obligaciones que se daban a la par, pues debía estar pendiente del equipo y cuidar que cada quien realizara bien sus funciones. Lo curioso era que, aunque las grabaciones eran extenuantes, mi creatividad siempre estaba a tope:

a veces necesitamos que nos pongan en el límite para que saquemos más energía e ideas que refresquen el trabajo cotidiano.

Al día de hoy me gusta mucho grabar, ya sea una cápsula como invitada en un programa de televisión o apariciones especiales, porque he tenido participaciones en otros, como Master Chef México, un programa que se ha ganado el cariño de los televidentes. En mis redes sociales, con el contenido que genero actualmente entre música y gastronomía, he perdido ese supuesto miedo a las cámaras, que no era tal.

El mundo digital

Cuando empecé a cocinar me imaginaba mi vida siempre detrás de la puerta que divide el lado público donde está el comensal y el espacio en el que se da todo esto que amo de la cocina. Pero después comenzaron a suceder cosas que no busqué de forma tan consciente, aunque quizá se dieron porque estaba un poco predispuesta a que llegaran. Como ya he platicado, las redes sociales han sido un medio de expresión y también una plataforma de visibilidad para mi trabajo, lo mismo que los medios de comunicación tradicionales, como la televisión y algo de prensa escrita. En los rubros donde brindamos un servicio o vendemos un producto, las redes sociales se han convertido en el principio y el fin del trabajo: la pantalla del teléfono es el escaparate por medio del cual se conoce lo que estamos haciendo. De la vista nace el antojo con una buena fotografía de un plato, la aparición en un programa o en el perfil de algún creador de contenido que pase por el restaurante.

Al día de hoy es común que alguien en la calle me salude porque me sigue en redes sociales, sabe de Carmela y Sal y otros proyectos o está al tanto del medio gastronómico, quizá me pidan una foto o me digan algo muy bonito sobre mi trabajo. La participación en programas ha contribuido a esto y sé que puede aportar un voto de confianza para que se acerquen a mi cocina.

En un mundo tan globalizado, no podemos dejar de lado que el presente de este negocio tiene mucho que ver con la visibilidad y con el alcance de una foto y los comentarios que suscita.

Me gusta mostrar mi cocina tal como es: el trabajo con los colaboradores, la recepción de los comensales, algún momento de vulnerabilidad y cómo salimos adelante entre todos, porque esta industria tiene bondades y dificultades, como todas. Mis seguidores me han conocido en distintas facetas, como enlace entre ellos y Carmela, ayudándole a contar sus propias historias, y ahora con la música, cocinando los sonidos, canciones y emociones que han marcado mi vida.

Con el paso del tiempo soy más consciente del peso que tienen las redes sociales para conectarnos con lo que nos gusta, lo vemos surgir, crecer y a veces desaparecer a través de una pantalla.

La gastronomía también tiene un ciclo de vida interesante, como sucede con la música. Hace unos años el reguetón empezó a dominar la escena en la mayor parte de los países de nuestro continente, como hoy lo hace el trap, o los corridos tumbados en México. La cocina sigue tendencias, y vale la pena verlas desde dentro, pero también como comensal, estar atentos a su vínculo con el mundo digital y aprovechar lo bueno que esto nos deja, sin perder de vista que un abuso de la herramienta podría ser perjudicial. Hace mucho tiempo, los críticos gastronómicos se preparaban durante años o décadas para llamarse a sí mismos críticos; llegaban de incógnitos a algún lugar, comían y se retiraban, y días o semanas después publicaban su crítica en una revista especializada o periódico y eso bastaba para calificar tu restaurante. Ese texto podía llenarte el lugar o llevarlo al fracaso absoluto y casi nadie conocía el rostro de quien firmaba.

A la fecha, esto ha cambiado radicalmente. Los *influencers* también tienen presencia en la escena gastronómica, su alcance es impresionante, pueden viralizar un tipo de café y hacer que la cafetería esté a reventar en cuestión de horas o que miles de personas compren una hamburguesa para tomarle la foto en el momento preciso en el que cae el queso derretido. Estas son situaciones que nosotros, como chefs, vemos de cerca, y no solo en el tipo de cocina a la que nos dedicamos, estoy segura de que quien tenga un negocio de comida, desde el más modesto hasta el más grande, sabe a lo que me refiero. La alimentación también está ligada a las tendencias, y estas generan desequilibrios, porque cuando alguien con tanto alcance postea una foto de tu restaurante y dice algo positivo, el éxito se ve reflejado, aunque también una mala reseña puede ser lo que te hunda.

Entrar a la gastronomía con el miedo a una mala crítica es algo que todos o la mayoría hemos experimentado y, honestamente, se sale de nuestro control, pero lo que sí está en nuestras manos es dar un servicio de calidad a quien sea que acude al restaurante, en los alimentos y el trato al comensal.

Yo siento que la mejor publicidad para cualquier negocio es trabajar bien y que se dé de boca en boca, porque serán los clientes que regresen a repetir la experiencia.

Como restaurantera, pienso que nos corresponde usar las redes sociales como una herramienta para comunicar qué hacemos, qué tipo de servicio ofrecemos, procurando un crecimiento enfocado en el trabajo. Quienes vimos esas dos etapas, la análoga y la digital, las aterrizamos en las

estrategias de marketing y posicionamiento de un negocio:
si quieres llegar a un mayor número de comensales, no descuides a
los que acudirán a ti por la prensa escrita y especializada, y tampoco
desdeñes a quienes lo hicieron por medio de una publicación en
Instagram. El crecimiento en redes sociales de un negocio o un chef
me parece muy bueno, siempre y cuando haya un equilibrio. Un
chef mediático ha de ser uno entre miles, porque las redes sociales
absorben tanto a cualquiera, que entonces no tendría tiempo para
crear más recetas, trabajar en las suyas, probar lo que hacen los
demás y llevar una carrera prolífica. Y de la cocina, ni hablar, puedes
entrar muy temprano por la mañana y salir en la noche cuando
cierres y quizá no tuviste tiempo de consultar tus redes sociales
ni una sola vez.

En mi caso, que siempre manejé redes sociales, tuve mayor
crecimiento en estas a raíz de la participación en medios tradicionales
y digitales y las menciones en distintos eventos o listas. Muchos
comensales llegaban a Carmela y Sal y me saludaban, pasé de
ser la chef que estaba detrás del muro, en su cocina y con los
colaboradores, al rostro visible de la empresa. Esto es muy
bueno, aunque me costó un poco de trabajo acostumbrarme. No
me considero una *influencer* de ninguna manera, pero al tener
visibilidad, mi imagen también fue tomada en cuenta para más
trabajo. Al principio me sentía culpable porque pensaba que no
estaba haciendo nada y me pagaban por ello, yo venía de una rutina
de trabajar desde muy temprano hasta que cerráramos y asociaba el
dinero a ese esfuerzo, entonces veía un poco de injusticia en ganar
una cantidad que consideraba alta por una campaña o el uso de mi
imagen. Pero después de escuchar la opinión de mis socios, amigos
y colegas y de involucrar a Rafa en la toma de decisiones comprendí
que el uso de la imagen también se paga, es lo justo, y puede
reinvertirse para mantener y mejorar las condiciones del negocio.

Estos aprendizajes se dan cuando uno menos se lo espera, aunque haya trabajo en silencio para que sucedan.

Hay oportunidades que se presentan a través de los medios de comunicación y cada una puede ser más atractiva que la anterior, pero lo importante es no olvidar el propósito de la cocina, nuestro oficio, que es alimentar de la mejor manera. La gastronomía se ajusta a los tiempos que corren, y ya veremos en unos años cómo pensaremos y llevaremos a cabo esta actividad elemental para la vida del ser humano.

Empezar a creértela

Recientemente me han preguntado en qué momento empecé a "creérmela", a ser consciente de que estaba haciendo una carrera en la cocina y que luego de una experiencia inesperada e increíble sucedía otra, y he de ser honesta: quizá todavía no me la creo por completo.

Antes asociaba creérsela con soberbia, pero en este camino me he dado cuenta de que no es negativo creer en uno mismo, reconocer cuando se va por buen camino con rumbo a cumplir tus sueños; cuando los resultados son buenos, ver la valía del trabajo propio y las metas alcanzadas. Es bonito aplaudirse cuando es necesario, pero siempre en el equilibrio justo; creértela sin dar por hecho que estás en la cima de tu gremio y nada negativo sucederá, porque el destino también suele dar sorpresas.

Creer en uno ayuda a afianzar la seguridad, pero al menos en mi experiencia de vida eso va de la mano con la sencillez y el esfuerzo.

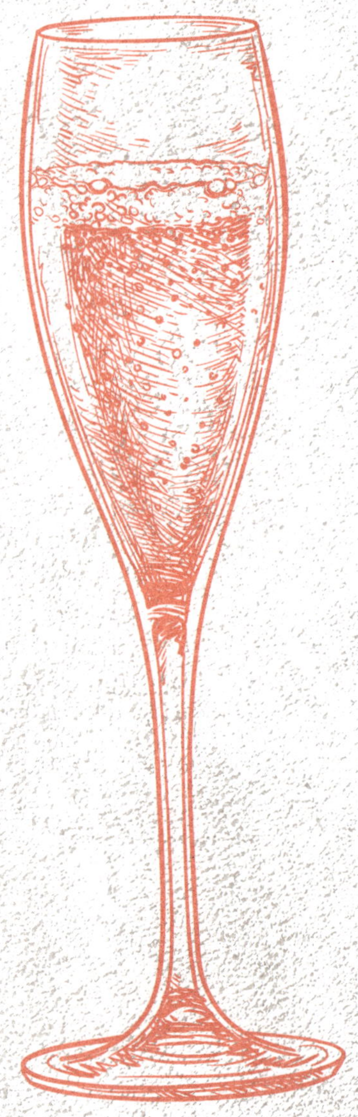

En 2019 la Guía México Gastronómico, desarrollada en conjunto con San Pellegrino, Nespresso y Culinaria Mexicana, me nombró como la mejor chef del año. Yo acababa de llegar a la Ciudad de México, estábamos abriendo Carmela y Sal y fue un reconocimiento importantísimo que se vio reflejado en la atención que le pusieron a mi trabajo, tanto comensales como expertos en gastronomía. Las expectativas estaban ahí, las entrevistas y oportunidades de colaborar en distintos eventos, incluso fui a dar una plática a las universidades de Stanford y Berkeley al Food Innovation & Design Symposium. Esto sucedió en un año de muchísimo movimiento, me incentivó a ponerle más empeño a mi carrera, pero por ese mismo crecimiento yo sabía que no podía bajar la guardia, me tocaba esforzarme el doble o más para seguir a la altura de mis propias expectativas y los votos de confianza de quienes creen en mi estilo de cocina. En otra ocasión, pero en ese mismo año, la revista *Forbes* me reconoció como una de las mujeres más poderosas de México, y tan solo el nombre hacía que me sudaran las manos. Estaba junto a empresarias, deportistas, mujeres de la política y la administración pública, activistas y otras tantas representantes de diferentes disciplinas que me resultan totalmente admirables. Entonces me doy cuenta de la importancia de la gastronomía mexicana, de cómo otras chefs y cocineras nos han abierto el camino, y a mi generación y las más jóvenes les toca continuar en este camino con su propio estilo, reforzando lo aprendido.

Las satisfacciones que me ha dado mi trabajo han sido muchas, siempre voy a reconocer los primeros pasos en Gourmet MX y la decisión de quedarnos con el restaurante de Villahermosa, ahora Vuelve Carmela, mientras la presencia de Carmela y Sal crecía en la Ciudad de México y también me llenaba de satisfacciones. Un día nos escribieron por Instagram de parte de la Guía Michelin para decirnos que les enviáramos fotos de nuestros platos e información precisa para tener una mención dentro de la guía. Era algo que siempre había soñado, como muchos chefs, pero el trabajo del día a día lo mantenía como una ilusión un poco lejana, sin embargo, ese mismo trabajo era el que estaba pavimentando el camino para que sucediera. Como muchos saben, la Guía Michelin es, probablemente, la más prestigiosa en cuanto a recomendaciones gastronómicas, tanto por su antigüedad como por todo lo que gira en torno a ella: la excelencia en su selección, la visibilidad que otorga a un negocio estar en sus menciones, el peso de sus estrellas y por ser el sueño de buena parte de quienes nos dedicamos a la cocina. El simple hecho de que nos tomaran en cuenta era la recompensa a tanto esfuerzo personal y colectivo, a la confianza que los comensales han depositado en Carmela y Sal,

al de boca en boca que le ha dado fuerza al proyecto, a la visión de los inversionistas, a los miembros de mi cocina, a mis proveedores y cada una de las personas involucradas en los platos del menú.

Sin lugar a dudas, ha sido uno de los días más maravillosos en mi paso por esta industria, un regalo de un trabajo tan noble que, como siempre lo digo, viene de compartir momentos a través de los alimentos, de dar de comer y disfrutar cada bocado. La noche de la premiación estaba muy nerviosa, pensaba en la Gaby de hace muchos años que decidió dedicarse a la cocina y luego emprendió con lo que tenía, y lo que no, salió a buscarlo, siempre acompañada de su cómplice de locuras y sueños. Tenía en la mente a mis colaboradores, la búsqueda incansable de ingredientes, las jornadas en la cocina, las visitas de mis comensales más fieles, cada uno con sus historias, y las impresiones de quienes nos visitaban por primera vez.

Abracé el premio con el cariño y orgullo de un trabajo en equipo donde cada esfuerzo se veía recompensado y fue un evento extraordinario.

El restaurante ha sido una prueba en distintos sentidos, desde el reto de estar frente a la estufa como trabajar en él en momentos importantes de mi vida, aprender a delegar responsabilidades para sacar adelante más proyectos, combinar mi faceta de esposa y madre con los horarios de servicio y recibir a nuevos comensales a partir de la mención en la guía. Desde ese día, con mucho más énfasis, se nos ha acercado gente a platicarnos cuál es su relación con Carmela y Sal, por qué estas recetas que llevan conmigo tantos años se han vuelto parte de su historia, y también de ellos es este reconocimiento.

Llevo tiempo trabajando en creer en mí, más que en creérmela. A mediados de 2025 también me llegó un reconocimiento de la revista *Más Líderes* como parte de los cincuenta perfiles que están transformando el sureste. Como mencioné antes, mi cocina está fuertemente arraigada al lugar donde nací, y nada me causa mayor satisfacción que llevar nuestros ingredientes a otros lugares, donde sus sabores también pueden hacer una enorme diferencia en la percepción de nuestra gastronomía. Que me hayan elegido entre tantos y tantas cocineras de la región donde nací también es motivo de orgullo, en este momento para mí y mi familia, y en unos años, cuando mi hija pueda ver esas revistas, también ella sonreirá con satisfacción.

Mi sueño era muy grande, lo veía inalcanzable al inicio, y lo mejor que pude hacer fue disfrutar el proceso con intensidad y compromiso, pero poniendo mi amor por la cocina por delante, agradecida, serena y consciente de la voluntad que se pone a cada paso.

Me llena de orgullo haber ido a cocinar a rincones lejanos del mundo, llevando en mis maletas los ingredientes emblemáticos de nuestra gastronomía, y que cada reconocimiento vaya acompañado de las historias de mi propia tierra.

He platicado del peso del reconocimiento con algunas personas cercanas, no en un sentido negativo, sino como el motor del trabajo que desempeñamos. Con reconocimientos así, muchas personas se fijan en lo que estás haciendo, y puede ser un impacto positivo para alguien que quiere dedicarse a la cocina y tiene las mismas ideas que yo tenía al inicio, que solo con el paso por una escuela de alto prestigio o haciendo prácticas en los mejores restaurantes del mundo obtendrás conocimiento, estilo y visibilidad gastronómica. Cada quien tiene distintas maneras de llegar a sus metas, y detrás de un reconocimiento hay años de trabajo, decisiones buenas que conllevan un éxito inmediato y otras que dan resultados que no nos hubiera gustado tener pero que también nos hacen aprender mucho más de lo que nos imaginamos.

UN TESORO

Me encantan los objetos viejos. Siento que en mis muchas vidas pasadas tuve distintos oficios: vendedora de antigüedades en un mercado de Persia, bibliotecaria en un pueblito muy remoto, ¡costurera de una compañía de teatro viajero! Las personas que guardan misterios, muchos de ellos muy oscuros, me parecen muy interesantes porque siento que yo he viajado a través del tiempo y fui parte de ese extraño grupo, por eso me asomo por las puertas o ventanas detrás de las que puede haber un misterio. Hace unos días fuimos a casa de mi bisabuelita Lupita a recoger unos cocales, a mi mamá ir le da nostalgia, a mí me encanta visitar esa casa porque disfruto sentarme en la mecedora donde de chiquita jugaba a volar, tocar los azulejos de la cocina, que fueron testigos de cientos y cientos de recetas, o acostarme en la hamaca a tomar el fresco los días de verano.

La casa de mi bisabuelita, con sus vigas cafés, ventanas grandes de esas que llegan hasta el suelo y pisos de diferentes colores en cada habitación está llena de historias, creo que por eso a mí me gusta imaginar las que se esconden en los objetos.

Aquella tarde, mientras le ayudaba a mi mamá a buscar unas llaves, encontramos un pequeño baúl, parecía el tesoro de un pirata, de esos que anduvieron por ríos que rodean mi pueblito, los que exploraron los pantanos y se llevaron el cacao para que lo conocieran en Europa y el resto del mundo. Cuando mi mamá encontró el manojo de llaves, ¡ahí estaba la del baúl! Mi corazón se aceleró tanto que… ¡¡¡craaaassshhh!!!, ¡¡¡un trueno retumbó en el cuarto donde estábamos!!! Pero no fue a causa de mi corazón, que ya nos había dado otros sustos, sino porque una tormenta comenzó de repente, tan fuerte que se fue la luz.

—Aquí tengo unas cuantas velas —indicó mi mamá—. Hay que abrir este baúl después de muchos años.

El ambiente era un poco tétrico, ¡justo como me gusta!, porque me encanta que las casas parezcan habitadas por fantasmas, así, en medio de la oscuridad, los misterios se revelan mejor. El baúl estaba lleno de tesoros: había una fotografía en un portarretratos con la orilla dorada.

—¡Esta soy yo! —dijo mi mamá, tan emocionada que ahora su corazón se oía más fuerte que la lluvia allá afuera—. Soy la bebé vestida de blanco, y esta es tu abuelita.

¡Qué hermoso fue encontrar esa fotografía! Pero también había otras cosas: una cuchara sopera muy pesada, un reloj de bolsillo que ya no funcionaba pero era hermoso y tenía su cadenita, un espejo con mango de plata y el dibujo de una flor en la parte de atrás, un frasquito de cristal y ¿un diente de ajo? ¡Qué raro que hubiera un diente de ajo!

—Debe ser un baúl con objetos de protección ¡contra los vampiros! —dije, pero mi mamá, en lugar de creerme, soltó una carcajada.

Abrimos el frasquito de cristal ¡y todavía olía! Mi mamá me dijo que ese aroma es el de la lavanda, antes la gente lo usaba como perfume, ¡y qué rico aroma tenía! Hizo que rápidamente me imaginara a mí misma en un baile muy elegante, como los de las películas, con un vestido muy esponjoso y de

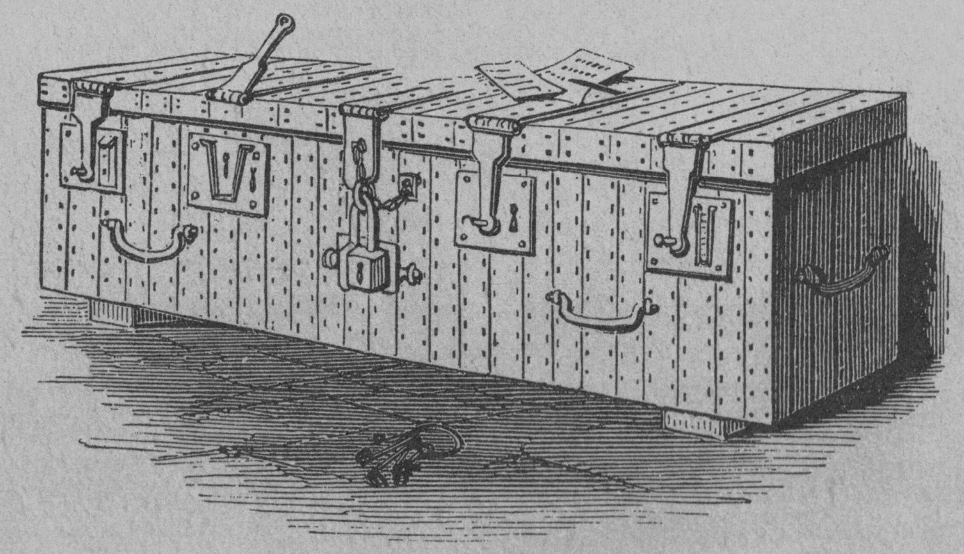

la mano de mi Güero horchata. ¡Hasta suspiré! El reloj debió haber sido de mi bisabuelito, dicen que él era un hombre muy elegante y puntual, nunca llegaba tarde a ningún lado, incluso si la casa se inundaba, si se le escapaban los pollos y debía perseguirlos por todo el pueblo, si le ayudaba a mi bisabuelita a cocinar y el mole todavía no hervía, mi bisabuelito era el más puntual de todos.

El espejo también era bonito, con su adorno de flor de lirio en la parte de atrás, y aunque estaba un poco empañado por el tiempo, aún daba un buen reflejo, como el que estaba en la sala de la casa de mis bisabuelitos. En ese momento, mi mamá se acordó de que el baúl era suyo, ese fue un tesoro que ella llevó una vez que se fue a pasar las vacaciones con ellos y decidió guardar cosas muy especiales. Nunca se imaginó que muuucho tiempo después nos lo encontraríamos.

—¿Puedo quedármelo? —le pregunté.

Mi mamá dijo que sí, ahora era mío, solo que en lugar del diente de ajo yo le pondría unos granos de cacao, porque es algo mucho más rico. La lluvia terminó en el preciso momento en el que salimos de la habitación y yo llevaba el tesoro muy bien abrazado, emocionada porque pronto le agregaría mis objetos mágicos, esos que me sirven para contar historias: un aretito de perla que me encontré en el jardín, la lupa con la que observaba los bichitos del platanar de mi abuelo, un cuaderno en el que escribo algunas historias, ¡y unas varitas de canela!, para acordarme de mi Güero horchata. Antes de ir de vuelta a la casa, me llevé una vela, podría servirme para hacer un conjuro… como pensar en mis vidas pasadas, en la época en que fui adivina, cuando leía los secretos de las personas en una taza de café o podía ver su futuro las noches de luna llena. Siempre pensaré en la magia, sobre todo en días de descubrimientos.

¡Ya tengo que irme porque ayudaré a sembrar los nuevos cocales!, ¡Qué emoción! Y tú, ¿qué guardarías en el baúl de tu tesoro?

LA SINESTESIA: SENTIDOS Y SABORES

Mi sinestesia

Cocinar es crear historias, vivir en el mundo de los sabores y usar los ingredientes como en la vida real usamos nuestras emociones para comunicarnos con los demás.

En cada plato abundan los sentimientos de quien transformó los ingredientes con una intención, porque la alimentación también tiene el poder de conectar con lo más profundo de quien da y quien recibe. Una novela que me gusta mucho es *Como agua para chocolate*, de Laura Esquivel. Cuando la leí entendí perfectamente a qué se refería la historia, más allá de lo que estaba escrito: las lágrimas, la emoción, el amor o la amargura que cada uno de nosotros experimenta saben en cada bocado cuando preparamos los alimentos con los sentimientos a flor de piel.

Desde pequeña supe que la cocina me cambiaría la vida, pero nunca me imaginé hasta dónde ni de qué manera. Desde entonces, quizá todavía de forma inconsciente, los olores y sabores me producían algo más que el gusto de disfrutarlos: eran sensaciones que se traducían en sentimientos, después en sonidos o colores. Luego supe que esa "traducción" se trataba de sinestesia, un fenómeno neurológico que percibe una sensación con un sentido que no corresponde. Esto hoy es un pilar fundamental de mi gastronomía.

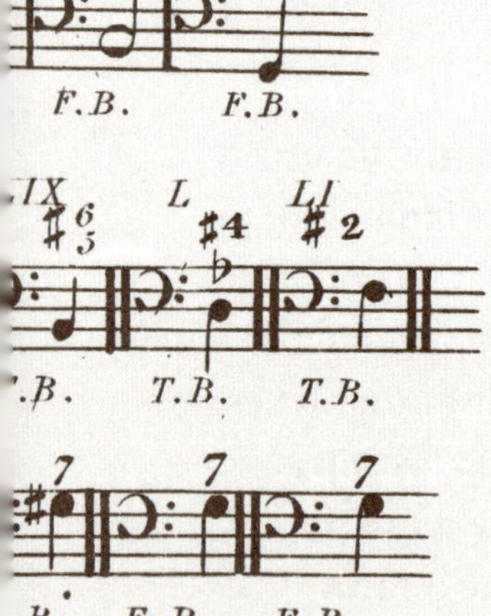

Empecé a fijarme más en ella en mi etapa escolar: mi mamá estudió música y tenía una escuela para niños, ahí mi hermana y yo pasábamos las tardes, a pesar de que no aprendimos a tocar algún instrumento ni decidimos dedicarnos a eso, la música era esencial en mi familia. Durante esos años ya le decía a mi mamá que me encantaba escuchar tal canción porque me parecía ácida, o una parte la sentía crujiente. Esto, sumado a una imaginación desbordante, lo único que hizo fue aumentar mi gusto por los procesos con la comida. Una canción empezó a parecerme amarga, otra la sentía mucho más dulce o el sonido de una guitarra eléctrica me recordaba el alcohol en las papilas gustativas.

La forma en que los recuerdos, las sensaciones, los olores y los sabores se relacionan entre sí es impresionante. Todos, o la mayoría de nosotros, asociamos los recuerdos con ciertos olores y sabores, aunque hayan pasado muchos años desde que probamos por última vez el platillo que hacía un ser querido, porque la memoria funciona de esa manera, y la sinestesia también es involuntaria. Algunas personas le dicen "memoria olfativa", y está bien, porque el cerebro es fascinante y necesitamos esos estímulos a través de los sentidos para conectar los recuerdos, que en nosotros no son memorias, sino sensaciones, por ejemplo, que tocar la mezclilla te dé ganas de llorar, que un boleto te huela a especias y madera, o ver el mes de enero blanco y agosto azul.

A mi familia se le hacía un poco curioso, pero como mi mamá trabajaba con música y estaba muy conectada con los sentidos, esto le resultaba normal. Entre mis hermanos hacíamos el ejercicio de escuchar algunas canciones y decir si eran saladas, dulces o crujientes y siempre coincidíamos. Probablemente se trate de los recuerdos más bonitos que tengo de la infancia, porque mi casa siempre estuvo llena de los acordes en la guitarra de mi mamá y de los olores de un platillo. Fue una época en la que había menos acceso a la información de manera inmediata, por eso yo supe del término *sinestesia* hasta hace relativamente poco. Pero cuando me enteré bien de qué se trataba quise conocer a detalle cómo era la sinestesia, por qué sucedía y, en mi caso, que la disfrutaba tanto, cómo podía hacer que la experiencia perdurara más.

En 2015, cuando fui con un neurólogo porque tenía dificultades con el sueño, mediante distintas pruebas, llegamos a la conclusión de que he experimentado sinestesia desde siempre. Intuitivamente aplicaba la sinestesia a los alimentos y se afianzó en mí cuando empecé a estudiar gastronomía. Incluso podría decir que con los sentidos alerta,

principalmente el oído, creé recetas para expresar mis emociones, y muchas de ellas me han acompañado durante años.

Mi cocina sinestésica

Todos tenemos sinestesia, quizá unos en mayor medida que otros. Al nacer, nuestros sentidos están interconectados, ya que nuestras conexiones neuronales todavía no están especializadas. Conforme crecemos hay una especie de poda sináptica, mediante la cual el cerebro va eliminando las conexiones neuronales que no se utilizan para que las que sí se usan sean más eficientes. En quienes tienen sinestesia, esa poda neuronal es muy probable que haya sido menor y se hayan mantenido algunas de esas conexiones.

De acuerdo con el neurólogo, solo 8% de la población sabe que puede tener sinestesia. La mayoría de las personas no sabe que existe esa condición porque no la experimenta; y muchos quienes sí lo hacen por lo general no tienen la orientación adecuada y simplemente ven ese rasgo como algo curioso. Existen diferentes tipos de sinestesia, en mi caso es a través de los sabores y sonidos: la oído-gustativa, la cual ha contribuido mucho a mi profesión; tal vez yo llegué a la gastronomía porque ya la tenía. En otras personas se da mediante los sonidos y la vista, la oído-visual,

y su sinestesia es con la música y la imagen; pueden ver colores cuando oyen algún registro y sus sensaciones corporales pueden ser más intensas si interpretan algún instrumento o componen. He investigado para tener un panorama mucho más amplio y ahora sé que la sinestesia no se cierra únicamente a un tipo de asociación, yo puedo llegar a sentir que un sábado es circular y azul, o alguien con esta sensibilidad podría percibir que hay un sonido y una asociación de colores más allá de lo evidente en el alimento que acaba de probar.

En la sinestesia también he encontrado un balance, o, todo lo contrario, he comprendido el mundo de manera diferente.

Con el perfume me sucede algo muy peculiar, y estoy segura de que muchas personas que son sensibles a los olores y pueden tener algún tipo de sinestesia sin que se hayan dado cuenta se sentirán identificadas.
Si yo tengo un perfume con una mezcla de notas aromáticas, ese perfume inmediatamente me remite a la lluvia y me gusta usarlo por la mañana, pero si unas horas después de salir de casa empieza a llover, creeríamos

que el perfume va perfecto con ese día porque ya hay lluvia en el ambiente, sin embargo, la mezcla del perfume, la lluvia, el cielo nublado y lo gris que podría ponerse ese día me produce tristeza y ganas de llorar, porque se convierte en una suma intensa de muchas cosas que ya por sí solas tienen una carga emocional. Por eso si sé que va a llover uso un perfume floral. El perfume es algo muy personal, nos acompaña la mayor parte del día y se mezcla con nuestro olor corporal natural, por lo que idealmente tendría que existir un balance en esa selección de aromas, sobre todo cuando estamos hiperestimulados por el ambiente.

Las personas equilibramos nuestras emociones y el día a día de manera intuitiva, aunque también podríamos anticiparnos a las que experimentaremos. Si sé que el día será gris, como esas postales londinenses que nos ha regalado la televisión, busco un aroma cítrico tropical que haga el contraste, y si el día es muy caluroso, ahora sí quedaría perfecto el perfume con olor a lluvia. Con los alimentos me sucede lo mismo: si estoy triste, no pediría una sopa porque sé que ese platillo, por más rico que me sepa, me mantendría en el *mood* de las emociones bajas, preferiría un ceviche fresco para darle un giro a mi malestar y llevarlas hacia arriba. Esta es la manera en la que yo funciono y me siento bien, pero estoy segura de que quienes son altamente sensibles a los olores y sabores buscarán su equilibrio de maneras únicas.

Viajar a lugares diferentes también se convierte en una aventura. Hay estímulos muy fuertes en el entorno, desde los colores hasta los sabores, olores y texturas. Bien dicen que los artistas son personas sumamente sensibles, que ese momento de inspiración no les llega de la nada, sino porque están más expuestos a los estímulos, atentos a algo que les detone la imaginación, y tienen la habilidad de transformarlo en una imagen, un sonido o un verso. Pienso en los pintores, en cómo pueden interpretar un paisaje con elementos e imágenes que ellos asocian perfectamente a lo que ven, porque esta conexión se da en un nivel muy profundo de su mente, pero cuando otra persona ve el cuadro necesita una explicación para aproximarse a lo que el artista quiso decir. La reinterpretación visual de una emoción o momento me parece extraordinaria y una manera interesante de acercarnos a la sinestesia que experimenta el artista. Los cocineros, de una forma u otra, también estamos en esa línea porque conocemos los sabores, nuestra mente los mezcla usando los recuerdos, pero la imaginación también juega un papel muy importante, porque mientras más creativos seamos a la hora de cocinar, más sorprendente puede ser el resultado. La *playlist* de un chef la mayoría de las veces va a ser acertada en su restaurante.

Siempre he usado la sinestesia para cualquier cosa, sobre todo en lo que tiene que ver con imaginar recetas, y por eso las repito muchas veces, juego con los ingredientes y los procesos, experimento en la creación a ver si me aproximo a lo que me había imaginado, tomando en cuenta mis sensaciones. Esto también sucede con las

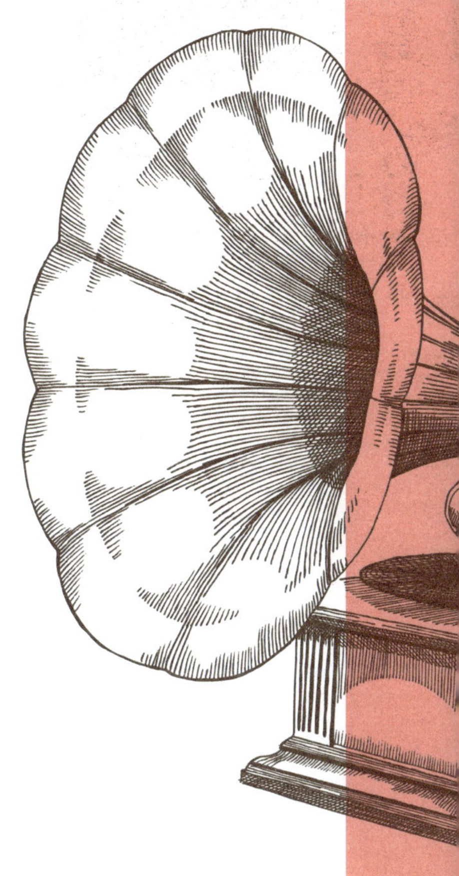

bebidas. Por ejemplo, algo nos sabe mejor si lo maridamos correctamente, porque hay una relación entre las notas de cierta bebida y el sabor de una proteína o lo cítrico de alguna fruta. En mi caso, cuando tenía que escoger un vino para sugerirlo de acompañamiento de un platillo, empecé a hacer un ejercicio que me encanta, que es crear historias. Soy una persona muy imaginativa, por lo que no me costó trabajo pensar que ese vino era un señor de cincuenta años de edad, un abogado de profesión que manejaba muchos números, era soltero y tenía un carácter muy particular, por lo que el tipo de comida que mejor le iba era ese platillo, cuya experiencia después podría completarse con un postre.

Si al final el personaje me gustaba, incorporaba ese vino a la carta. Poco a poco, mi menú se convirtió en un conjunto de historias que para mí significaban una experiencia en particular, que me contaban detalles muy precisos, pero todavía me dejaban mucho margen para imaginarme más de ellos.

Este juego me gusta mucho, porque siento que toda cocina es un acto de imaginación y mucha pasión por lo que creamos para darle un momento único al comensal, entonces ¿por qué no duplicar la creatividad que ponemos en los alimentos y llevarla a una historia que se pueda contar con más sentidos?

Me gusta romper con la idea que tienen algunas personas de que los cocineros y los chefs somos muy cuadrados y que seguimos las recetas siempre al pie de la letra, cuando en realidad lo que la mayoría de nosotros hacemos es jugar un poco con lo establecido, y algunos nos tomamos muy en serio el uso de la creatividad en los menús. Ahora que ya compartí mi secreto, puedo decir que cada proyecto es como un libro escrito con los sentidos puestos en la imaginación y que nada de lo que se ofrece o sucede en los restaurantes cuyo concepto he creado ha sido solo porque sí.

Como comer me parece una experiencia completa, desde que abrimos Gourmet MX en Villahermosa quería crear un ambiente en el restaurante, empezando por la música. Hoy, tanto en Carmela y Sal, como en Vuelve Carmela y Vuela Carmela, suena la música que pienso que va con los platillos que ofrecemos, he creado un *mood* para cada restaurante, y cada vez que quiero agregar una canción a mi *playlist* del restaurante primero la escucho bien, observo el ambiente de ese momento, pruebo algún platillo de la carta para saber si la canción combina con el espacio y con la comida, porque quiero crear una atmósfera, que los sentidos estén más conectados al momento de comer. A veces no nos damos cuenta de todo lo que hay en juego cuando probamos nuevos sabores o platillos, desde nuestro estado de ánimo, que hace que recordemos esa comida de una manera en particular porque la asociamos a un sentimiento, hasta el espacio en el que estamos cuando comemos. Por eso se dice que dependiendo de los alimentos o del tipo de comida debería ser el ambiente o concepto del restaurante, y esta sugerencia se mantiene vigente por ser tan certera.

Vale la pena fijarnos no solo en la decoración de un restaurante, sino en la atmósfera que se ha creado en él, desde los sabores y los sonidos hasta la disposición de los elementos en el espacio, los distintos materiales que usan y sus texturas.

Desde que me involucré más con la sinestesia para transmitirla a través de mi trabajo, he querido hacerla más accesible a mis amigos y comensales, porque todos podemos ejercitarla y convivir con ella. Hay un ejercicio muy sencillo, que dos neurocientíficos estaodunidenses —Vilayanur S. Ramachadran y Edward M. Hubbard— idearon a inicios de este siglo, para darnos cuenta de nuestra propia sinestesia, que es el de la estrella y la nube. Imagina una estrella y una nube como tú quieras, después piensa en estos dos nombres, buba y kiki, ¿cuál será el nombre de la estrella y cuál el de la nube? ¿Coincides en que la estrella se llamará kiki y la nube buba? ¿Por qué? Yo tengo algunas ideas, tomando en cuenta las respuestas de todas las personas con las que he hecho este ejercicio, y es que cuando pensamos en la estrella lo primero que imaginamos son los picos, algo que es punzante, ki-ki-ki, por eso el nombre. Y si pensamos en una nube nos imaginamos algo suave, esponjoso, en buba, porque tan slolo con pronunciar ese nombre nos referimos a algo muy suave, casi como un beso o un algodón.

Cuando intentamos asociar esas imágenes y sonidos con un sabor, lo más probable es que a la estrella le demos un sabor ácido y a la nube uno dulce. Esa es la sinestesia, todos la tenemos, quizá unos en mayor medida que otros, y se da de forma involuntaria, aunque podemos ejercitarla. Un niño se relaciona con el mundo a través del asombro y los sentidos, por eso a veces escuchamos que asocia ciertos alimentos con estados de ánimo, sonidos y hasta juegos. ¿Cómo sería para él una marcha gastronómica?, ¿la relacionaría con el crujir de zanahorias, chicharrones y pepinos? ¿Y un vals de sabores?, ¿pediría un helado que pueda comerse lentamente o una sopa cremosa?

Pienso que si todos estuviéramos más en contacto con nuestros sentidos a la hora de comer, la experiencia de la alimentación se convertiría en algo mucho más placentero, y esa es una de mis más grandes pasiones cuando cocino.

La sinestesia también está en la forma de habitar el mundo, cómo nos desenvolvemos en él y qué estímulos conviven con nosotros. Me encanta que todo lo que yo haga tenga un contraste: si como algo muy caliente y especiado, me gusta acompañarlo con un elemento cítrico y herbal, que le dé potencial y otra identidad, porque de lo contrario me aburro, y yo, que soy de emociones contrastantes, requiero estar alerta con esos toques diferentes de sabor. Me sucede lo mismo con los espacios, la decoración de mi casa también es así: en medio de la sobriedad del color blanco tienen que resaltar objetos antiguos, la mayoría de ellos son reliquias que he ido coleccionando de mis visitas a los mercados, tianguis de antigüedades y bazares —considero a La Lagunilla el lugar más mágico de la Ciudad de México—, porque para mí cada objeto cuenta una historia, y tenerlos aquí, como si fueran los toques de color en un lienzo, me ayuda mucho con la inspiración para crear.

Los sabores y la personalidad

A través de la sinestesia he hecho un ejercicio interesante para tratar de *leer* a las personas y cocinar para ellas, o *cocinarlas a ellas*. Conozco gente que tiene una percepción muy puntual cuando conoce a alguien, tal vez por una gran sensibilidad para captar las emociones de los otros, y me pareció

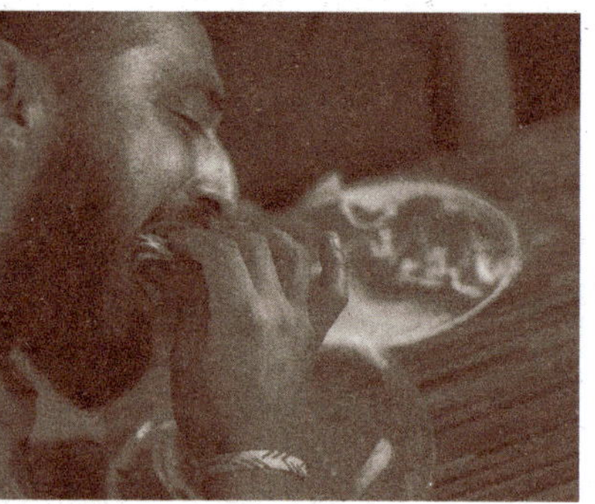

interesante llevarlo a la cocina. Me he fijado en las características físicas y en otros elementos, como el tono de voz, la mirada de la otra persona, su sonrisa y sus gestos y lo que puedo percibir de su carácter en esa primera impresión para imaginarme qué sabores y texturas podrían tener que ver con su personalidad y cuáles le gustaría probar en un platillo. Una paleta de sabores basándome en lo que creo que podría ser la personalidad de alguien más o en mis primeras impresiones me lleva a asociar la paleta con los ingredientes, y de ahí, con la armonía que se necesita para una receta, siempre pensando que cada uno de nosotros tiene una historia detrás y que esta puede contarse en un platillo.

Mientras más conozco a las personas, *cocinarlas* se vuelve más complejo, porque hay rasgos de su personalidad que asociaré con las experiencias y tendré que pensar en cómo integrarlos a la receta, y después, al recetario de su vida. Con el paso del tiempo, mis años en la cocina y el entendimiento que tengo sobre algunos ingredientes, el proceso me parece interesantísimo.

Me gusta imaginarme una receta pensando en los sabores de una persona, que la composición del plato, la parte visual, le genere una sonrisa porque quizá tiene algo en la mirada que me dice que el ánimo tiene que subir, o sorprender a mi comensal porque siento que tiene mucha expectativa ante lo que va a probar.

Para mí el acto de cocinarle a alguien guarda un propósito que a veces dejamos de lado por el simple hecho de cocinar, y hacer este ejercicio me devuelve ese sentimiento que tanto me gusta, el de crear para llenar las emociones de alguien especial, conozca muy bien o no a esa persona.

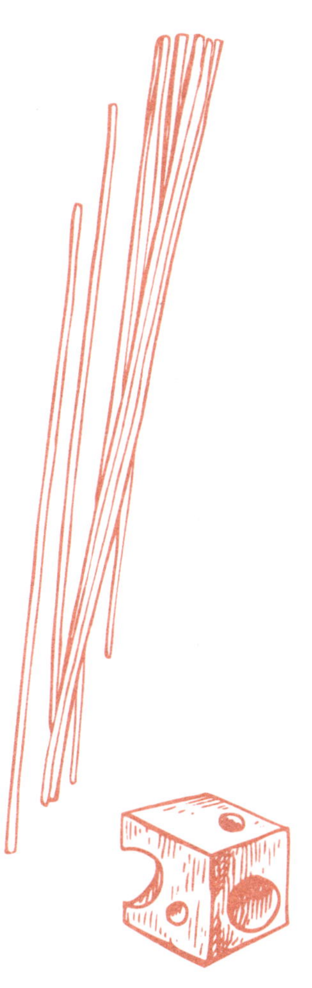

Algunas personas confían en que la carta astral les revelará quiénes son y cómo se relacionarán con otros, incluso la tienen en cuenta para ciertas decisiones emocionales, y aunque me parece fascinante, siento que nuestros sabores favoritos, al igual que la voz, la ropa o los gustos culinarios, también dicen mucho sobre nuestra personalidad. Me gusta conocer a los demás a través de sus propios sabores, porque eso revelará cosas que quizá no me platicarían en otro momento. En los restaurantes eso me ha servido, por ejemplo, para contratar y organizar al personal, porque lo oriento a cosas muy prácticas. Sé que si alguien es muy carnívoro funcionará bien en la parrilla porque cocinará no solo por la encomienda que tenga, sino por el gusto hacia ese platillo; o alguien que ama la comida asiática, sé que se fijará mucho en el emplatado y trabajará con delicadeza en la producción y al momento de componer un plato para un comensal. Si uno de mis colaboradores es altamente sensible a los olores y tiene una memoria prodigiosa, sé que es la persona ideal para trabajar conmigo en la creación de un mole o en la mezcla de condimentos para una nueva receta.

Así que, si bien la sinestesia tiene su lado romántico y creativo, sus usos prácticos están presentes todos los días en el trabajo del restaurante.

Tengo la teoría de que tu comida favorita te define. A veces conocía a alguien y, en la plática, me contaba cuál era su comida favorita. Yo pensaba que sí, me daba la impresión de que su personalidad iba perfecto con un caldo de pollo. En la mayoría de las ocasiones, le atinaba. Esto me quedó claro con mi mamá y mi papá. Él es ingeniero, un hombre de procesos y disciplina, y su gusto en los alimentos también va por allá, con los cortes muy bien hechos, la cocción precisa y las medidas exactas. Mi mamá es artista, ella es una mujer de condimentos, especias, abundancia y hasta una explosión de sabores recién incorporados e inesperados en una receta que no se siguió tal cual. El sushi y el mole son alimentos de dos personalidades que me parecen opuestas: el sushi, con sus porciones tan precisas y cortes bien cuidados, la disposición de los ingredientes en un plato, hasta parece hecho con regla y pinzas, eso me habla de alguien metódico en todos los sentidos; el mole negro, con su mezcla de sabores profundos, la variación de su dulce o su picor, es drama total, las emociones al límite, una experiencia en cada bocado. Ambos platillos son compatibles, como todo en esta vida, pero que alguien escoja uno sin dudarlo ya me dice bastante sobre su personalidad.

Hace tiempo platicaba con una señora que me dijo que le gustaba comer una pasta muy sencilla con mantequilla, una ensalada de arúgulas con una vinagreta de vinagre balsámico y ya. Después, en la conversación, la noté como alguien muy pragmática, que va a lo seguro y es transparente en su trato, es una mujer cariñosa pero no efusivamente, porque lo que transmite la mantequilla es calidez siempre en la medida justa, y también que disfruta el humor negro, ácido, como el vinagre balsámico. Pienso en el proceso que se lleva a cabo para obtener el ingrediente, por ejemplo, el vinagre balsámico también tiene una maduración amaderada y especiada, a veces compleja, y la mantequilla tiene profundidad, envuelve los ingredientes con los que se mezcla. Uno muestra sus sentimientos y personalidad con los alimentos que más le gustan, y en estos años en la cocina mi teoría hace que pueda identificar hasta el humor en los comensales.

Las cocciones lentas nos hablan del hogar, de la familia y del sentimiento que tenemos por compartir los alimentos; la grasa me habla de cariño, como un postre que se comparte, algo con mucha mantequilla o un buen corte de carne cocido lentamente en su propia grasa. Pero bien dicen que para cada momento hay un alimento, y eso me hace pensar en los instantes en que necesitamos diversión: un ceviche acompaña un momento espontáneo y hasta sensual y divertido, con la acidez que lo caracteriza y un picor que envuelve las papilas gustativas sin inundar por completo; es ligero, como el humor de quien lo degusta, y de vez en cuando un condimento, como la pimienta, envuelve y potencia los sabores. A veces me imagino un menú para las personas que conozco, aunque mientras más sé de ellas o pasamos tiempo juntos, se vuelve más complejo.

La música y mi sinestesia

Como platiqué hace un momento, mi sinestesia es oído-gustativa y está presente en casi todos los aspectos de mi vida. Me fascina ir a conciertos porque amo la música y la disfruto muchísimo, aunque en la mayoría de las ocasiones tengo que salirme antes de que terminen porque me abrumo.

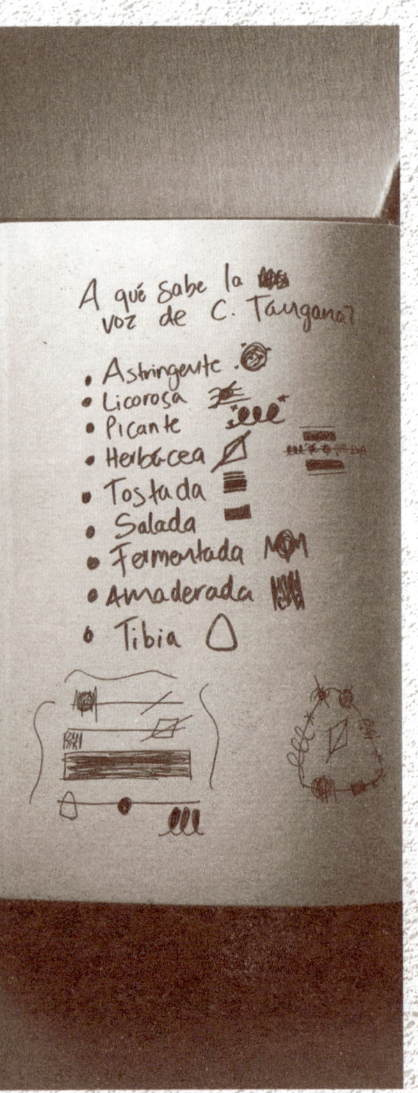

La estimulación de los sentidos es muy fuerte, principalmente cuando se trata de un concierto de rock; durante las primeras canciones siento con intensidad el sonido de cada uno de los instrumentos y las voces y luego en su conjunto, ahí mi percepción es ácida. Hay bandas que me encantan, pero el rock y la música electrónica me remiten a sabores amargos y usualmente son las interpretaciones en las que tomo más agua, a manera de equilibrio. Un concierto donde hay mucha interpretación vocal me hace pensar en mordidas, en sensaciones masticables, con textura y movimiento.

Antes, cuando platicaba sobre esto, yo misma lo sentía como algo raro, pero hoy, con el acceso a la información, es más común que otras personas lo vean como lo que es, una condición vinculada a los sentidos, e incluso se valore de forma diferente. En mi caso, yo le he dado ese valor y me siento muy feliz de poseerlo.

Una vez Jay de la Cueva me invitó a un concierto de Moderatto que inició
con él con una energía muy alta, gritando, bailando, todo era estridencia
del lado del escenario y de los asistentes. En la siguiente pieza mantuvo
casi el mismo ritmo. A la tercera invitó al escenario a una chica para que
recitara un poema que conmemoraba las luchas del 8 de marzo, y también
fue un momento muy catártico. En solo unas cuantas canciones nos llevó
de la euforia a la comunión con las emociones, el coraje, la tristeza, la
alegría de su música, y eso me dejó una gran enseñanza: cuando preparara
un menú degustación no me iba a ir a lo seguro, trataría de traducir las
emociones a la comida, que cada plato nos lleve a una sensación distinta
y se convierta en un viaje individual pero colectivo a través de los sentidos.

Por el medio en el que crecí, la música siempre ha
inundado los cuartos de las casas donde he vivido.
Me acerco a distintos géneros con la curiosidad
de saber qué me harán sentir. Los conciertos de
música clásica, donde los sonidos no son tan
estridentes, me harían pensar en una sopa caliente,
en esos alimentos que te reconfortan y tienen su
propia textura que te envuelve poco a poco.

*La música que más me gusta es la que
me produce sensaciones agradables sin
llevarme al límite de mis sentimientos.*

El jazz me genera unas que cambian de un
momento a otro: podría imaginarme que
como un platillo con mucho queso derretido,
luego un bocado frío y pequeñas mordidas de
un ingrediente crujiente, y al final todo en un
ambiente líquido. Mi memoria auditiva y sensitiva

está del lado de los sabores y también me gusta imaginarme cómo funciona a la inversa, a qué me remite un alimento, por qué una ensalada crujiente es un solo de percusiones o una fruta ácida la melodía del violín.

Y aunque la sinestesia es muy interpretativa y cada persona tiene su propia percepción de los sonidos, sensaciones y emociones, hay puntos de coincidencia bastante comunes. ¿A qué nos sabe un día soleado, o una canción con un solo de violín?

Con el tiempo he ido entendiendo mejor cómo es la sinestesia y de qué manera convivo con ella todos los días. Ponemos nuestras emociones en el acto de alimentar a alguien, desde el cuidado que le damos a la selección de los ingredientes hasta la intención con la que sazonamos los alimentos. Un corazón roto va a tener como resultado que el platillo sepa de diferente manera que cuando estamos emocionados, porque preparamos la comida o la cena para dar una buena noticia, aunque se trate de la misma receta. Me di cuenta de que durante el embarazo, que es cuando las mujeres tenemos las sensaciones a flor de piel, la creatividad en la cocina se disparaba constantemente y, como ya había platicado, de ahí surgieron varias recetas para

Carmela DeMorada, por lo que los antojos de las embarazadas son totalmente ciertos.

Hoy mi vida tiene muchos sabores, texturas y emociones. Hay desde el salado, con bastante picante y umami, con la intensidad a cada bocado, hasta los toques dulces que me generan mucha paz. Mi platillo tiene ingredientes fríos y calientes, dependiendo del estado del ánimo y la emoción, y está servido con un emplatado complejo, porque una etapa llena de cambios planeados e inesperados no podría ser de otra manera.

EL CICLO DE LA VIDA

Verde, verde, ¡verde que te quiero verde!, decía un poeta hace muuuchos años, yo ni siquiera había nacido, pero hace poco escuché esa frase ¡y me encantó!, porque me recuerda lo bonito que es el lugar en el que vivo. Aquí todo es verde hacia donde mires: las copas de los árboles parecen una enorme sombrilla, con sus hojas de diferentes formas y tamaños, los pájaros y los loros que vuelan libres y se pierden entre las ramas cuando toman un momento de descanso. Las palmeras y sus cocos, que cuando son más tiernos es cuando son verdes y alguien tiene que subirse al tronco para bajarlos. Me gusta correr entre los platanales y ayudar a mis abuelitos y cortar las hojas porque luego nos servirán para preparar una olla de tamales.

El verde es vida, es el color de los pantanos donde habitan las sirenas, y el de los grillos y las ranas, que hacen ruido por las noches después de la lluvia. Es muy bonito pero hace poco ¡ay, mamá!, tuve un susto tan fuerte, que me puse más pálida que un fantasma y casi me convierto en una estatua porque del miedo ni siquiera podía moverme, ¡o hasta el alma se me fue volando, como mi cerdito con alas! ¡Vi una serpiente en el patio de mi abuelita! Y como andaba descalza, me dio más miedo. Era verde y tenía los ojos amarillos, y estoy segura de que me sostuvo la mirada, ¿habrá olido mi miedo? No pude gritar y menos cantar, porque dicen que la música calma a las bestias, pero es que esa serpiente me había paralizado. De su cuerpo alargado salía un sonido, un *ssssss* que indicaba que era peligrosa, porque en el reino animal tienes que demostrar que también eres fuerte, aunque te veas pequeño y escurridizo, tienes que darle miedo a tus enemigos para que no se metan contigo.

En ese momento apareció mi papá, y ¡¡¡zaaaaz!!! No la mató, no

se asusten, le echó encima un trapo y luego la
serpiente se fue muy lejos, quizás a su nido, y
como yo ya no supe qué hacer, empecé a llorar.
Lloré tanto, que sentía que las lágrimas eran como la
lluvia de la tarde en pleno mayo, solo que un poco más
saladas, y mi abuelita me hizo un atole para curarme el
espanto. Acomodé mis galletas de animalitos y me las fui
comiendo una a una, ¡lo bueno es que no hay galleta de
serpiente! Con cada bocado me tragaba un poco de mi
miedo, que sabía más fuerte por lo salado de mis lágrimas.

—¡Ya no quiero que existan! —le dije a mi abuelita—, me
dan mucho miedo.

Mi abuelita se sentó junto a mí para contarme una historia:

—Ellas llegaron al mundo mucho antes que nosotros. Son las
guardianas del pantano, de los ríos y las milpas, son las que cuidan la
naturaleza y estarán aquí cuando los demás nos vayamos.

—Pero son feas y peligrosas, si te pican ¡te mueres! —le
respondí todavía muy asustada.

—Es verdad, aunque no todas son malignas. Ellas así
se protegen. Tienen veneno pero de ese veneno se hace un
antídoto.

Y luego, mi abuelita me contó cómo todo lo malo también
tiene su lado bueno. La naturaleza les dio un gran poder aunque casi
siempre estén en peligro.

—Es que me dan miedo, abuelita, ¡no las quiero!

—Por eso hay que aprender a convivir con el miedo pero que el miedo
no nos gane —me dijo, remojando una galleta de elefantito que parecía de
perro—. Para cada miedo hay una fortaleza.

—¿La fortaleza es el antídoto del miedo? —pregunté.

Mi abuelita movió la cabeza para decirme que sí, y me pidió que la
acompañara a la sala. Ahí me mostró un libro muy viejo y ¡yo no podía creer lo
que veía! ¡Era el dibujo de una serpiente que se mordía la cola!

—Allá afuera todo es naturaleza, Carmela, y hay un ciclo, como el que forma la serpiente de este dibujo.

—¿Por qué?

—Porque la naturaleza es sabia y todo se transforma —me dijo mi abuelita—. A mí tampoco me gustaban las serpientes, pero transformé mi miedo en otra cosa. Ahora, cada vez que veo una, le digo de corazón "buenos días, señora verde" y me despido de ella.

Repetí las palabras de mi abuelita. Con la luz llega la oscuridad y ambas nos habitan, con la felicidad puede haber tristeza y es normal sentirla, con el amor a veces hay decepciones, y tenemos que salir delante de ellas. Una serpiente es veneno y antídoto porque la naturaleza así la hizo, con humores y emociones que cambian de repente. Las serpientes todavía no me gustan, pero sé que con el tiempo aprenderé a darles los buenos días. Aunque dicen que ciertos animales guardan maldad, sobre todo si tienen escamas y se deshacen de sus capas de piel, yo siento compasión por todos ellos, y es que no es fácil ser en villano en cada historia.

Verde que te quiero verde, aunque me asustes un poco.

COCINANDO CANCIONES

Partitura gustativa: sabor, olor e imagen

A través de los años, la sinestesia se ha ido arraigando más y más a mi cocina. Soy una chef más atenta a los sentidos, que se guía mucho por la intuición, la memoria y las emociones para crear, porque para mí la cocina no podría ser de otra forma. Como platiqué anteriormente, ya había experimentado con crear historias de personas y situaciones a través de recetas y por medio de Carmela, y eso me encanta, lo disfruto muchísimo, pero quería ir más allá creando algo que a la fecha no he visto en otras cocinas: cocinar canciones.

Algunos artistas comparten su visión del mundo a través de la poesía, la música y la pintura. Yo, que no me considero una artista como tal, pero sí alguien que quiere comunicarse y hacer felices a los demás, lo hago por medio de la comida, y he encontrado un intercambio apasionante con el arte —específicamente con la música y la gastronomía—, que es cocinar canciones.

Tuve la enorme fortuna de crecer en una familia donde el arte estaba en todas partes, desde lo visual que la naturaleza nos regalaba con esa mezcla impactante de colores y que despertaba mi creatividad desde muy pequeña, hasta lo auditivo, porque mi mamá llevaba la música a la casa, como trabajo y forma de vida.

Ella ensayaba con la guitarra y leía partituras. A mí me parecía fascinante cómo podía leer un código y traducirlo a sonido. Para cualquier persona que no observara a detalle su trabajo, ese pentagrama solo eran cinco líneas, las negras y corcheas, unas bolitas con palitos; pero para un músico las partituras son todo. Era increíble verla leer música, ensayar y después enseñarles a otros niños ese lenguaje mágico. Yo sabía leer y escribir en español, pero ella conocía algo increíble y era capaz de transmitir emociones por medio del sonido.

Mi mamá, ante mis ojos infantiles, era un extraterrestre capaz de comunicarse de una forma muy poderosa porque iba directamente a las emociones de la gente. Con el paso del tiempo, yo también pude transmitir emociones a través de la comida, pero sin duda saber que existen otros lenguajes ha sido parte importantísima de mi formación en la cocina.

Recuerdo claramente que "Ojalá", de Silvio Rodríguez, me producía un montón de emociones, pero todas ellas en un rango más o menos melancólico. Desde entonces ya le sentía un sabor a caramelo, café tostado, hierbas secas, especias, hojas de tabaco, algo dulce pero no empalagoso sino envolvente y con mucho cuerpo, que debía servirse tibio, quizá por el tono de voz de Silvio, por su forma de interpretar la letra de la canción —aunque yo no la entendiera—, el ritmo que nunca se detiene, pero tampoco es precipitado. Esos recuerdos volvieron a mi mente cuando decidí que cocinaría "Ojalá"; además de conectar con la canción quería hacerlo con esa época de mi vida, acordarme incluso del clima y los olores que inundaban la casa cada vez que mi mamá sacaba la guitarra. Cocinar esa canción fue traducir todo a un platillo de esos que te abrazan cuando los pruebas, pero con mis propias emociones. La voz de mi mamá es profunda cuando la canta, retoma lo amaderado y oloroso de la versión original, lo combina con un rasgueo en las cuerdas de la guitarra y nunca pierde el ritmo hasta que la melodía se desvanece poco a poco.

Mientras más trabajaba con la sinestesia y la música, más necesario me resultó crear un lenguaje, llevar las sensaciones de los sabores a algo visible, ya fuese un código, un alfabeto o una representación visual que sustentara la experiencia. Me parecía lo más lógico, ya que la comunicación verbal y el lenguaje también es sinestesia.

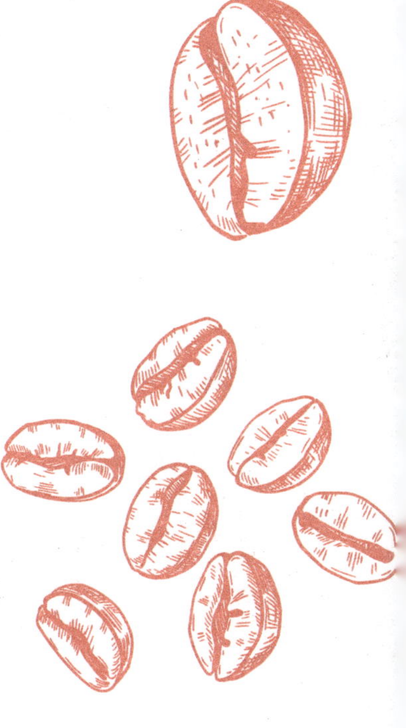

Semiótica de los sabores

aceitoso

acidez acética

acidez cítrica

acidez málica

acidez tartárica

ahumado

aireado

amargo

astringente

blando

burbujeante

caliente

chicloso

congelado

cremoso

crujiente

dulce artificial

dulce natural

duro

especiado

fermentado

floral

frío

frutal

graso

herbácea

húmedo

jugoso

licoroso

líquido

mentolado

metálico

pegajoso

picante

refrescante

salado

seco

suave

tibio

tostado

umami

untuoso

Trabajé para conectar sonidos y sabores con alguna representación gráfica que me sirvieran como guía: los dulces se dividen en diferentes tipos, como los naturales y artificiales, y cada uno requiere de un grafema, que es la representación gráfica de un sonido o concepto; yo aquí le agrego el sabor. Si represento un alimento que tiene umami, que se percibe como amargo salado que te inunda la boca, los grafemas se combinan y sé cómo deben interpretarse. Si el alimento tiene toques de acidez o son crujientes, la representación gráfica tiene otras formas que resaltan por completo, pues hay una reacción física más contundente de las papilas gustativas y hasta de la mandíbula por el esfuerzo al morder.

Este trabajo, que he traducido mayormente en partituras gustativas, pero también al cocinar experiencias, como algún conflicto o el recuerdo de un acontecimiento, involucra cada vez más elementos: temperatura, gusto o sensación. Cuando agrego colores, también tienen un significado, porque la percepción puede entrar de golpe por la vista: si los alimentos tienen más elementos ácidos, la estridencia de un amarillo, verde o naranja va a resaltar, contrario a cuando es un alimento caliente, graso so y condimentado, cuya gama de colores puede ir del rojo al marrón para traducir a la vista su profundidad olfativa y de gusto.

Traducir los sabores a conceptos visuales me ha ayudado a comprender la música y las emociones con mayor detalle.

Si la canción inicia de forma alegre, con ritmo rápido y tonos agudos, pero luego transita a algo más pausado y el tono de la voz del cantante baja, o viceversa, trato de entender por qué, qué quiso decir en realidad el compositor, cómo lo interpretó el cantante y cómo lo asimilo desde la sinestesia.

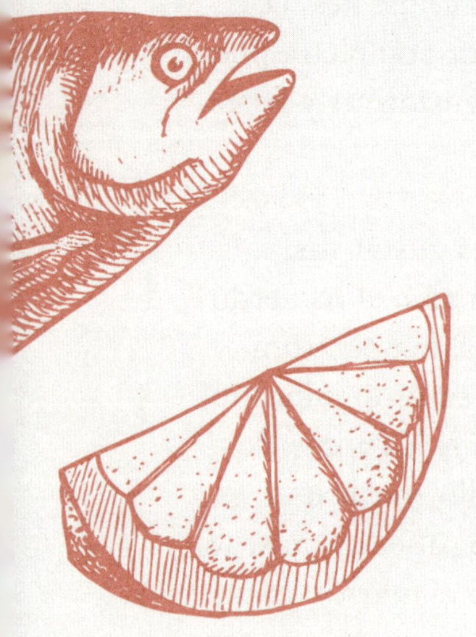

La voz de cada cantante también tiene una esencia, representada por un símbolo: una voz dulce, floral y mentolada; una voz ácida acética, salada y astringente; otra voz ahumada, cremosa, salada, ácida y tartárica. La suma de las tres voces consigue un equilibrio con la música y el ritmo a lo largo de la pieza.

Los músicos conocen toda la historia y estructura de los acordes, cuándo usarlos y por qué. He tratado de aproximarme a ello a través de las sensaciones, porque me parece importante que formen parte de mi interpretación visual y gráfica del sonido.

Los acordes mayores, que por lo regular nos hacen sentir felicidad y júbilo, los relaciono con los mariscos, frutas tropicales y frescura, quizá flores y una cerveza clara. Los acordes menores, que nos llevan a lugares de melancolía e introspección, van muy bien con alimentos ahumados, carne de animal de caza, condimentos muy concentrados y un maridaje con una bebida alcohólica que haya adquirido profundidad con el tiempo, como el vino tinto, el whisky o el brandy. Las canciones de salsa, por ejemplo, se mueven en ambos mundos, porque la música genera nostalgia con ganas de bailar, tiene la estridencia de los metales y un ritmo acelerado, contrastando

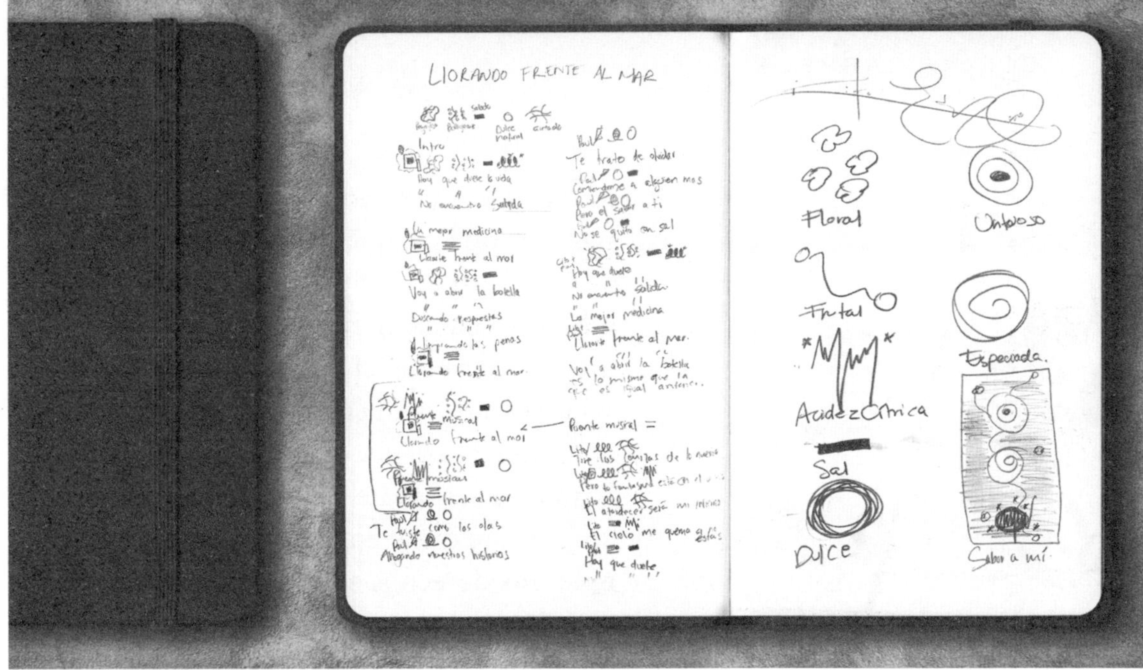

con una letra bastante triste, de decepción y despedida. Son canciones muy interesantes para la sinestesia porque nos llevan de una emoción a otra, son una explosión de sabores.

¡Imagínate una rebanada de piña sazonada con especias y cocinada lentamente al carbón!: lo dulce se potencia con un proceso que remite a la nostalgia por el humo. Ahora prueba la piña. Seguro sonríes igual que yo porque entendiste a qué me refiero. Si primero escribo la partitura gustativa para comprender la canción, eso me da mucha luz para empezar a cocinar. Me guío por la simbología que hice y busco ingredientes que representen esos elementos, además del proceso que le dé más sentido, y al momento de dar el primer bocado, la experiencia grite de forma contundente que se trata de esa canción. Ayuda mucho que se deguste con el ritmo, y aunque suele ser mucho más complicado ir en perfecta sincronía, recomiendo que se haga así.

He escrito muchas partituras gustativas, las primeras eran diferentes entre sí porque tardé un poco en llegar a un lenguaje que me resultara coherente para lo que quería plasmar. Esas prácticas las hacía en cualquier hoja,

lo que necesitaba era trazar inmediatamente para no olvidar qué me producía la canción al momento de escucharla. Luego empecé a hacerlo en cuadernos grandes de hojas gruesas para que el papel soportara la tinta y los colores, y buena parte de ellas no están conmigo, las he ido regalando a los artistas para quienes las he escrito. Me emociona contar que estoy en medio del trámite para tener los derechos sobre esto tan loco, una creación que surgió, como otras tantas, a través de la sensibilidad y la pasión que le pongo a mi lenguaje, que es la comida.

Cocinar canciones es una experiencia que ha ido madurando conmigo. Tengo un club de cocina y música donde algunos amigos como Jay de la Cueva, Adán Jodorowsky, David Aguilar, Leiva y yo nos reunimos y cocinamos juntos. En la cocina surgen todo tipo de platillos, desde los más extravagantes con técnicas que se practicaban al momento, hasta sabores convencionales. Lo hacemos únicamente por el placer de mezclar nuestras dos pasiones.

A esto se han sumado otras experiencias, desde el lanzamiento de un nuevo coche de una gama de lujo, de un disco, una película o la interpretación de un acontecimiento internacional.

Pienso que la comida, vista como una forma de expresión, tiene el mismo potencial que una puesta en escena, una instalación artística o la ejecución de un jam, un performance o el baile. Un platillo, elaborado con esta intención, también puede ser una pieza artística que busca expresar una emoción y compartirla con alguien más, sensibilizar y que podamos abordarla desde un ángulo diferente, porque es lo que el arte nos ha dado en momentos críticos o felices.

Hace unos años participé en el Millesime, un evento que combina la alta gastronomía con la presencia de marcas y empresas internacionales de lujo. La temática de ese año fueron los sentidos, una oportunidad extraordinaria para mí. Preparé un menú que abría con el tango "Por una cabeza", de Carlos Gardel, después "We will rock you", de Queen, y cerrábamos con la canción "Adoro", de Armando Manzanero en la extraordinaria voz de Chavela Vargas.

En la exposición lo que presenté duraba solo un par de minutos, quería que la experiencia fuera para la mayor cantidad posible de personas: cada asistente se colocaba unos audífonos después de escuchar mis instrucciones sobre lo que tenían que hacer, que era dejarse llevar por la música, el sabor y sus emociones. Empezábamos con un coctel en el momento cumbre de "Por una cabeza", ya que es una melodía aguda, con el violín como protagonista, de un sabor metálico que va muy bien con el alcohol. Los participantes tomaban una champaña que dentro llevaba una esfera de vinagre balsámico y durazno, la esfera explotaba en el preciso instante en que el violinista alcanza las notas más agudas. Lo que sucede es que, con el paladar inundado por las burbujas del vino, el vinagre inunda la boca y te despierta por completo.

Los participantes respiraban un poco y continuábamos con Queen y su característico inicio percutivo, por cada aplauso debían dar una mordida a una papita crujiente, al ritmo de la música. La canción de Chavela Vargas iba acompañada de carnero ahumado, mole negro y mezcal, una combinación extremadamente profunda con la que muchos asistentes conectaron al punto de las lágrimas.

Eran aproximadamente veinte segundos por canción, un momento para prepararse entre ellas y entrar a la siguiente; los asistentes terminaban con la experiencia completa, los sabores, la música y las emociones habían hecho su trabajo.

Me quedo con haber visto tantas reacciones, el disfrute de los comensales y oír sus comentarios, que se hayan acercado a esas canciones y a los alimentos y bebidas desde una práctica que, bien comprendida y con creatividad, se puede explorar inagotablemente.

Momentos increíbles con artistas

Las colaboraciones con artistas para cocinarles canciones han sido una parte importante en mi trabajo, nacieron desde la curiosidad por los sabores y la admiración hacia la carrera de músicos que de una forma u otra han marcado mi vida a través de sus composiciones. La lista de a quienes les he cocinado canciones es larga: Aleks Syntek, Monsieur Periné, Benny Ibarra, Lila Downs, Jay de la Cueva, Adán Jodorowsky, David Aguilar, Siddhartha, Melissa del grupo Matisse, Natalia Lafourcade, Alejandro Sanz, Miguel Bosé, El Kanka, Alicia Keys, Paty Cantú, Carlos Rivera, Espinoza Paz, Ángela Aguilar, Marian Ruzzi y otros tantos que también son parte de la *playlist* de los restaurantes y el *soundtrack* de mi vida. Al día de hoy me sigue pareciendo muy curioso cómo empezó esto y solo puedo decir: internet tiene sus bondades si lo sabes utilizar.

Me muevo en los contrastes siempre, soy muy extrovertida cuando me siento en confianza, suelto mi energía y lo disfruto mucho, pero por lo regular soy introvertida, me gusta estar detrás de todo y evito el protagonismo, tratar de equilibrar ambos extremos es algo en lo que trabajo constantemente dominando la pena y los nervios. Aún me cuesta trabajo acercarme a alguien para decirle que admiro su trabajo, pero poco a poco lo he hecho, y hace varios años lo hice debido a la seguridad que me daba escribirle por mensaje

de Instagram a algún artista y contarle lo que su música había significado en mi vida. Yo lanzaba esos mensajes como quien mandaba una carta hace más de cien años, podía llegar o no, y cuando me leían y daban respuesta era genial. De esta manera invité al restaurante a varios de ellos y, con algunos, como en el caso de Catalina de Monsieur Periné, se ha tejido una hermosa amistad que atesoraré toda la vida.

Desde hace unos años colaboro con una agencia de representación que maneja artistas, deportistas y profesionales de otras disciplinas, entre ellos yo como cocinera. Esta agencia ha propiciado encuentros interesantes, de los cuales también han surgido colaboraciones gastronómicas con músicos y otros artistas.

Cuando empecé a compartir estas canciones con los músicos que las crearon fue maravilloso, sentí una transformación de mi proyecto todavía más fuerte, porque podía decirles: "Esta es la representación de sabores de algo que tú hiciste a través de la música". He cocinado muchísimas recetas.

Algo que empezó como curiosidad tomó forma hasta convertirse en un proyecto que me encanta y despierta chispazos de creatividad que ni yo misma pensé que fueran posibles. La música es capaz de llevarnos a lugares increíbles tanto dentro como fuera de nosotros.

La primera canción que cociné de manera más profesional fue de Aleks Syntek, y resultó todo un reto porque apenas empezaba a darle forma al proceso para hacerlo. Partí de lo que creía más básico, mis primeras impresiones con las canciones, los sonidos, el ritmo, la letra, todo lo que me envolvía al momento de escucharlas y podía casi casi paladear. Empecé cronometrando la preparación del platillo para que tuviera sincronía con la música, y cuando uno probara los ingredientes, casi siguiendo un orden, la reacción fuera precisa. Parecería la mejor idea, pero en la práctica resultaba complicado, aun así, me ayudó a pensar cómo llevar la experiencia auditiva al paladar, casi como una puesta en escena. Al poner manos a la obra debe haber muchísima coordinación entre bocados y estrofas o el resultado no será el que uno se imagina.

La relación con Monsieur Periné también fue a través de la gastronomía. Un día les escribí para decirles que quería que comieran en el restaurante y cocinar alguna de sus canciones, aunque el problema para mí iba a ser escoger cuál, porque todo su repertorio me lleva de una emoción a otra. Hoy que ya uso otras técnicas he cocinado varias canciones de Monsieur Periné porque me encanta su música, y al fin puedo verla como una interpretación en un plato completo. Aún pienso en hacer un menú degustación de todos sus éxitos, ¿cómo sería la disposición de las canciones?, ¿en el orden de aparición?, ¿de las baladas a las más

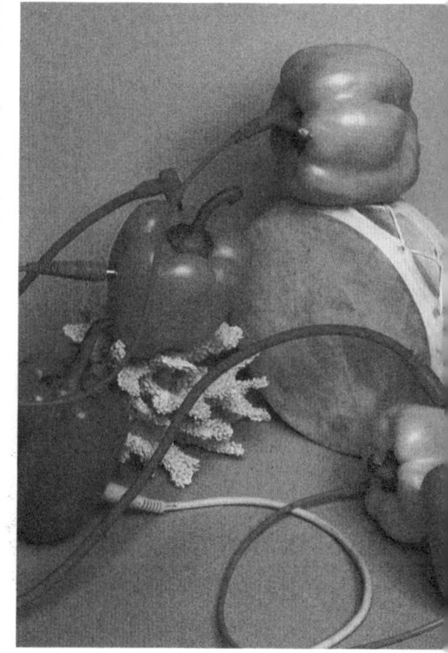

rítmicas? No lo sé, pero me entusiasma crear estas experiencias porque las disfruto enormemente y ponen a prueba mis sentidos.

También cociné "Inspiración" para Benny Ibarra. Fue algo espectacular, tanto poner en sabores lo que esa canción me ha transmitido durante años, como ver su expresión en cada acorde y bocado. Aquella vez él y su equipo tuvieron la misma degustación oyendo la canción.

Ver la sonrisa en un artista a quien admiro es un momento que atesoro, que solo la cocina ha podido darme.

A través de Carmela y Sal también conocí a Leonel García, músico al que admiro muchísimo. A él le gustaba comer en el restaurante y nos pidió dar el servicio para su cumpleaños. Le cociné una de sus canciones como postre y esta se sirvió con toda la experiencia sensorial que ameritaba: cada uno de los comensales, desde él hasta sus colaboradores, amigos, familiares y demás invitados se pusieron unos audífonos y probaban cada bocado en sincronía con la música. Les encantó percibir la voz y la composición de Leonel de una manera que no se habían imaginado. Esto me demuestra que en ambos mundos —la música y la cocina— no todo está dicho, solo necesitamos dejarnos sorprender. El cocinar música me conecta con el artista, hace que lo conozca profundamente a través de su voz, eso genera amistades bonitas e inesperadas.

Ahora veo Cocinando Canciones como otro proyecto de vida, el más libre, donde pongo todo de mí, desde mi interés musical y sensibilidad hasta el conocimiento gastronómico que he forjado durante años. Es una forma de mantenerme creativa, de desestresarme y de estar más en contacto con mis sentidos.

Sé que nada llega por azar, sino por la buena sincronía entre el trabajo de un lado y el interés de alguien más del otro. De aquella cena con Leonel García surgieron cosas interesantes, porque al poco tiempo Yadira Moreno, directora de Universal Music Publishing México, que estuvo en la celebración, me invitó a desarrollar un proyecto audiovisual fuera de México. Seguimos en pláticas para hacer de esto una realidad, mientras yo perfecciono la manera en que presentaré la partitura gustativa y el tipo de experiencia gastronómica y auditiva que mejor le vaya a cada composición.

Cocinando Canciones a futuro

Cocinando Canciones sigue creciendo y dándome sorpresas que nunca se me hubieran ocurrido. En junio de 2025 tuve la enorme oportunidad de ir a cocinar a Cannes, en Francia. Tan solo decirlo me llena de emoción, Cannes es la sede de uno de los festivales de cine más importantes del mundo, y en la ciudad se llevan a cabo eventos importantes antes y después del festival. Asistí a uno con creativos audiovisuales, mi participación era precisamente por el desarrollo del

proyecto audiovisual de Cocinando Canciones, para dar una muestra de lo que sucederá en los capítulos.

Cociné para una cantante que me gusta desde hace muchos años: Sophie Ellis-Bextor. Aquí la sinestesia fue absoluta, me fui a mis recuerdos de la primera vez que enloquecí con una de sus canciones porque "Murder on the Dancefloor" fue un éxito mundial que nos tuvo a todos bailando y cantando durante años, luego se sumaron más canciones y traté de llegar a la esencia de la música de Sophie para mostrarla tanto a los ejecutivos como a ella. Conocerla fue increíble, ya que me gusta y la admiro, sus canciones son un ir y venir de emociones, y yo quería reflejar eso en lo que preparé.

También cociné "Hasta la raíz", de Natalia Lafourcade, presenté un poco más de mi trabajo, como una partitura gustativa y diferentes facetas de la sinestesia. Me sorprendió que al hacer un par de muestras sobre lo que representan diferentes estilos musicales los ejecutivos coincidían acerca de los sabores y las sensaciones, ya que conocen a sus artistas y captaron la esencia de los alimentos.

Definitivamente esta experiencia sobrepasó cualquiera que me hubiera imaginado, y no se queda en esto, una vez que el proyecto vea la luz, con los inversores, productores y distribuidores, a Cocinando Canciones se sumarán más artistas internacionales, que están marcando generaciones y dejando huella en la música. Además de cocinar, expliqué el proyecto y busqué conectar con las personas que me oían con la curiosidad de quien no sabe de qué manera funciona la sinestesia, pero quiere vivirla. Al terminar, el equipo y yo pudimos brindar de felicidad porque lo dimos todo. Esta fue la joya de la corona de una propuesta tan bonita que se ha ido materializando gracias al soporte de tantas manos.

Me gusta ser honesta con todo lo que tiene que ver con mis proyectos, y he de decir que, cuando inicié llevando la sinestesia a los alimentos, y después empecé a crear Cocinando Canciones, hubo personas que se rieron. No sé si lo hicieron en buena o mala onda, quizá solo les parecía un poco extraño, porque incluso me recomendaban que siguiera con lo mío, solo en la cocina. Pero para mí los sabores y las emociones siempre han ido de la mano, y lo he reflejado en este proyecto que surgió por pleno y absoluto interés de mi parte, para explorar los sabores y las emociones e integrar mi gran pasión, que es la música. Ese *no* también fue un impulso que me ayudó a orientar mi trabajo, acercarme a más ingredientes, ser excéntrica e ir de un extremo a otro de la creatividad. Agradezco de corazón el apoyo a quienes han estado a mi lado desde que les compartí esa idea un poco loca y que han visto su crecimiento y distintas facetas.

Sé que para algunos esto podría seguir siendo una locura, que tal vez piensen que la cocina y la música son incompatibles, pero para mí son absolutamente complementarias.

Mientras más sensaciones tengo con la música, más quiero traducirlas en sabores. Los tipos de acidez que percibo en un platillo los mido en una simbología de picos, y así puedo escribirlo cuando dibujo una canción que también cocinaré. Me he esforzado en llevar esta relación a otros sabores y sensaciones: cuándo una melodía nostálgica me resulta amarga, qué sabor tiene una canción alegre, qué ingredientes pueden representar las que para mí son canciones inolvidables, o cuál será el olor de esa melodía.

Cocino con mis emociones, con la ansiedad que me invade en los días más difíciles y con la que convivo desde siempre. La música clásica tiene todo un universo de obras que describen perfectamente mis estados de ánimo. *Romeo y Julieta*, de Prokófiev, me sabe justamente a esos días en que siento que no puedo más, pero trato de equilibrar mi ánimo sacando lo mejor de mí a través de la cocina. La *suite* me sabe intensamente a dulce y amargo, a una mezcla de texturas, desde las más crujientes hasta las más tersas, y cocinarla fue crear un crumble, donde el algodón de azúcar y el merengue son esos instantes de paz a través de la terapia y el abrazo de quienes siempre están para darme apoyo.

Mi proyecto Cocinando Canciones ha ocupado mi atención y me ha dado más alegrías de las que me hubiera imaginado. Me encanta la forma que ha ido tomando y sería una hermosa idea materializarlo más allá de lo audiovisual, llevarlo a una experiencia para otras personas, quizá en forma de restaurante. Me imagino a los comensales con los audífonos, igual que los artistas a quienes les he cocinado su música, y que a cada bocado experimenten la sinestesia, que sientan en las papilas gustativas las notas más ácidas o las más nostálgicas mientras escuchan una canción o prueban un menú completo a manera de concierto. Habrá quien diga que esto está fuera de mi alcance, que un lugar así no funcionaría, que probablemente nadie más le apostaría, pero también estoy segura de que detrás de cada *no* quedan algunos *sí* que transforman los sueños en realidad.

Desde que dije "quiero dedicarme a la cocina" en este camino recorrido he estado acompañada de personas increíbles que sueñan igual de loco que yo, me dan soporte y ánimo para tomar los cuchillos, el mandil y los sartenes y empezar de nuevo.

CARMELA CURANDERA

¡Qué rico huele el mercado de mi pueblo! Bueno, no todo, la verdad es que cuando paso por la pollería o la carnicería me tapo la nariz porque huele chistoso y tampoco quiero acordarme de mi cerdito volador porque me pongo triste, pero me encanta ir al mercado. Mi parte favorita es la de las flores, ¡me imagino a mi Güero horchata comprándome unas rosas! ¿Sabrá cuáles me gustan? A lo mejor deba dejarle una cartita cerca de su casa para darle una pista.

El otro día, mi papá me llevó a buscar plantas y compramos de todo: hoja santa y de aguacate, para ponerlas a fuego lento, hierbabuena y romero, porque siempre hacen falta, epazote y flor de calabaza, para unas quesadillas con queso de don Rodo… ¡uf!, salimos de ahí con las bolsas llenas. Luego fuimos a un lugar mucho más especial, uno muy sorprendente. A mi papá le dolía la garganta de tanto gritarles a sus perritos, que se bañaban en el río y no querían regresar a la casa, y me dijo cómo se curaba ese dolor de manera natural:

—No, Carmela, no te pones un ajo debajo de la lengua, ni dices tres veces el abecedario al revés, más bien te tomas un jarabe de miel de abeja melipona con unas hojitas de tomillo, menta y eucalipto.

No había oído de ese remedio, pero se me antojó porque me gusta mucho la miel encima de los buñuelos. Y cuando emprendimos el camino, no fuimos a la farmacia, sino a casa de la madrina de mi papá. La puerta se abrió ¡y la nariz se me llenó de olores! Había plantas por todas partes, algunas en sus macetas de barro y otras secas. La madrina de mi papá salió de entre un montón de cachivaches.

—Bienvenidos al lugar donde se hacen los remedios del alma.

Mi papá tosió unas cuantas veces, qué feo que le doliera tanto la garganta, y yo me asomé a ver todo: hojas secas aquí y allá, miel en frascos, semillas por un lado y por el otro, ¡hasta había un gato negro! Y me acordé de los cuentos que leía cuando era más pequeña, los de pócimas y remedios, ¡la madrina también hacía magia con su herbolaria y recetas!

—Un poquito de alcanfor para que el calor entre en el pecho, una cucharada de jarabe por la mañana, en la tarde y la noche, unas hojitas de esto cerca de la nariz, y un té de hierbabuena por si algo te hace daño… y si se puede, dos gotitas de aceite de jengibre detrás de las orejas cuando salga la luna.

Recordé las películas que había visto y los libros que había leído, ahí la magia parecía algo inalcanzable ¡y yo la tenía enfrente!, en los morteros cerca de mí, en un tarro de miel con limón, en un frasquito de aceite de romero, en la mirada misteriosa de la madrina de mi papá, que poco a poco nos revelaba sus conocimientos. Todo lo que oía me parecía increíble, ¡la casa de la madrina de mi papá era como un laboratorio de misterios! Un lugar lleno de secretos y pócimas que venían de la naturaleza. ¿Cómo se curará el insomnio?, ¿qué debo tomar para hacerme mucho más grande cuando algo me da miedo?, ¿habrá alguna receta para aguantar la respiración bajo el agua e ir a nadar con las sirenas del río?, ¿qué condimentos hay que moler para convertirlos en polvo para las hadas? ¡Tenía tantas preguntas que no sabía por dónde comenzar! ¿Ustedes qué habrían preguntado?

—Madrina, ¿cuánto tiempo tardaste en aprender a curar el alma? —le pregunté.

—Comencé muy chiquita, Carmela, casi como tú. Estoy segura de que tú también curas el alma todos los días.

—Yo no sé de herbolaria —respondí, un poco confundida.

—Cada vez que cocinas para alguien estás preparando una pócima para curarlo. Le alegras el día cuando ayudas a cocinar un caldo de frijoles o moliendo maíz para hacer tortillas. Aprendiste a hacerlo desde que jugabas a la comidita, con tu sopa de hojas.

Me acordé de mi juego favorito, la comidita, porque mi hermana y yo salíamos al jardín a escoger las hojas más brillantes y a recoger las flores que se habían caído, la tierra de los pastelitos falsos debía ser la más húmeda, y si llevaba gusanito ¡mejor! Nos reíamos mucho, y tal vez esas risas eran lo que decía la madrina. Un polvo mágico hace que la masa se esponje y se convierta en pan, unas semillas pequeñas vuelven picante e inolvidable un alimento y así se consigue el amor de la persona amada, aunque también su olvido.

—¿Y la herbolaria?, ¿esa cómo se aprende?

—Ay, Carmela, cada cosa a su tiempo, pero en la cocina y la herbolaria trabajamos igual para abrazar el alma.

Nos despedimos de la madrina con muchas recomendaciones y una que otra receta. Me dijo que a algunas plantas hay que cantarles antes de cortarlas, como cuando preparo tamales con mi abuelita y les canto un poco para que se cocinen bien, y me dio el secreto para hacer polvo para las hadas, pero ese no se los puedo compartir, tendrían que venir a prepararlo conmigo. Y justo cuando estábamos por salir, vi un par de botas desgastadas y una escoba muy vieja. La madrina me guiñó el ojo, yo acababa de descubrir algo valioso. ¿Ustedes qué creen que signifique?

MUJER, MADRE, CHEF

Estoy en un medio donde he tenido el soporte de otras chefs y cocineras. Ellas, con toda su paciencia y conocimiento, me han abierto un espacio para ser una más —con mi propia personalidad y sello en la cocina— dentro de esta comunidad de mujeres dedicadas a la gastronomía, y hoy, de madres que nos dividimos entre criar con amor y presencia, y poner lo mejor que tenemos en cada cocinada.

Durante décadas el trabajo de una mujer "alimentando a otros" se reducía a estar detrás, llevando a cabo una labor esencial para la supervivencia de todos, pero con poco reconocimiento. Hoy, si bien sigue siendo un medio con mayoría masculina, me enorgullece estar entre grandes cocineras y chefs, ver a las generaciones —que me precedieron y las que vienen— llenas de mujeres talentosas que ponen en alto la gastronomía local e internacional, sin olvidar sus primeras experiencias con los alimentos, probablemente de manos de sus madres, tías, abuelas, hermanas y demás compañeras de vida.

Sé que muchas de mis colegas, sobre todo en generaciones anteriores, han tenido que luchar y alzar la voz para formar un entorno de tolerancia y equidad, y eso contribuye a que el ambiente sea mejor para las mujeres que nos dedicamos a la cocina. Hoy quienes destacan en este ámbito es porque su trabajo las respalda, y también porque podemos tener redes de apoyo.

La chef Martha Ortiz, a quien quiero y admiro mucho, se ha convertido en una madrina en los proyectos que he desarrollado; la chef Fernanda Prado me ha apoyado en repostería y en momentos gratos y complicados de mi vida, ella me ha cocinado ese caldito curativo cuando me he sentido mal; la chef Sofía Sada, como amiga y colega con su paladar privilegiado dando siempre grandes consejos de cocina y de la vida, ha compartido conmigo muchos logros. Y como ellas, mi equipo en la cocina, conformado por hombres y mujeres que avanzamos todos juntos con cada nuevo reto, sabemos que todo éxito es común.

Resaltar en un medio competitivo siendo mujer no debe ser la anomalía, sino un hecho natural, producto de mucho aprendizaje, complicidad sana y ganas de superarse.

Conozco las historias de varias de mis colegas a las que puedo llamar amigas y sé que detrás y a un lado de ellas hay familias que se sienten orgullosas, porque su relevancia en la gastronomía también va de la mano con su calidad humana y las hace visibles para todas aquellas que sueñan con lo mismo.

Quizá en números somos un poco menos,
pero el trabajo de las chefs es valorado tanto
por quienes están cerca de nosotras como por
los que se acercan buscando calidad.

Las mujeres alimentamos por naturaleza,
quienes hemos sido madres estamos vinculadas
profundamente con ello y como hijos recibimos
el primer alimento de una mujer, también los
cuidados de mujeres que son familia
o se preocupan por proveer el alimento.

Una cocina donde hay mujeres se siente
distinta, es como si nos apropiáramos de
ella, porque para algunas representa casi una
herencia de lo que vimos en casa con nuestras
abuelas, tías, madre, hermanas y amigas.
Ver una cocina donde hay mujeres al mando
de manera profesional es motivo de orgullo,
y que una chef resalte a nivel internacional
también lo es, porque de cierta manera lo
merecemos por naturaleza y por todo el trabajo
que esto implica.

*Desde mi experiencia como mujer, chef
y madre he valorado lo que tengo y sueño
con alcanzar más, en un medio del
que pueda seguir aprendiendo de otras
mujeres talentosas.*

Convertirme en madre ha sido una experiencia increíble que ha mezclado más emociones de las que me imaginé que podrían caber en mí. La maternidad es un camino único, cada quien la vive desde su experiencia, a partir de sus creencias y realidades, por lo que reducirla a un solo tipo sería muy injusto. Yo puedo decir que en la mía hubo de todo, en este momento continúa transformándome y lo hará por el resto de mi vida.

Como buena parte de las familias de nuestro país, y estoy segura de que muchas alrededor del mundo, fui criada para dar el extra en todo: aprender, esforzarme, salir adelante, no depender de nadie. Y comprendo perfectamente a qué se debe, pues, aunque siempre es muy importante tener una red de apoyo, el destino da muchas vueltas.

Mi mamá nos educó a mis hermanas, a mi hermano y a mí, para ser alguien en la vida, para no repetir patrones, sino trazar un camino firme, que amortiguara los golpes que con seguridad llegarían. Esto me forjó mucho, me dio el impulso para perseguir mis sueños a través del trabajo y lo agradezco, sin embargo, un exceso en la vida laboral puede poner en

pausa o relegar otros proyectos de vida,
como el familiar.

Cuando conocí a Rafa, nos enfocamos en trabajar
por un bien común y por los logros individuales,
y para ambos las responsabilidades se dieron
como una avalancha, con la intensidad con la
que vivimos en este medio y lo damos todo; por
lo que el plan de tener hijos iba quedando un
poco en la periferia. Pasando mis 35 años aún no
formábamos una familia convencional con hijos,
y estaba bien. Yo aplaudo enormemente que
ahora las mamás primerizas lo sean a la edad que
deseen, por una decisión libre que se da desde el
corazón; sin embargo, cuando las cosas llegan
puede ser en instantes increíbles, de plenitud,
descanso y planeación o, como fue en mi caso,
casi por sorpresa.

Un día estaba de viaje con mi amiga Catalina,
de Monsieur Periné, y durante el vuelo me sentí
mareada, pero se lo atribuí a que casi siempre
me pasa en los trayectos. Aquella noche dormí
poco más de doce horas, me sentía muy cansada,
pero podía deberse al exceso de trabajo o a mi
medicación; sin embargo, quien conoce su propio
cuerpo sabe descifrar las señales de algo diferente.
Me hice una prueba de embarazo ahí mismo,
y cuando vi el resultado salí del baño llorando,
porque las emociones brotaron, al igual que mis
lágrimas, sin que pudiera contenerme. Cata no
entendía qué me pasaba, seguro se imaginó lo peor,

hasta que le dije que ella era la primera en saber que estaba embarazada. De inmediato le avisé a Rafa y no hubo más que felicidad con esa noticia, para nosotros comenzaría una vida diferente, solo que no nos imaginábamos de qué manera.

Siempre he tenido la energía a tope, desde que abrimos Gourmet MX, nos mudamos a la Ciudad de México y mi carrera estuvo marcada por compromisos, crecimiento y muchísimos retos. No he parado. Mi cuerpo me permitía seguir con la rutina y el ritmo normal. Cada mes iba a los chequeos, mi bebita crecía sana, fuerte, con lo necesario para las semanas de gestación, y de este lado había entusiasmo, porque la esperábamos con amor, nos sentíamos listos. Sin embargo, en un punto de mi embarazo comenzó el riesgo de preeclampsia, tuve que hacer dieta, guardar reposo y "estar tranquila" mientras abríamos dos restaurantes. Sin duda, fue uno de los momentos más difíciles y retadores de mi vida, a pesar del apoyo de Rafa y de mi familia, socios y amigos.

Había proyectos importantes que sucedían como consecuencia de alianzas, de que Carmela y Sal ya estaba muy bien estructurado y funcionando con un equipo que lo dio todo desde el inicio. Las personas se acercaban a contratarnos, pues les gustaba nuestro concepto, y yo era la más feliz con ello. Veo con cariño las fotografías de un servicio que dimos en Monterrey, era una cena a beneficio de la Cruz Roja; ahí salgo con Martina en mi panza, coordinando para que la experiencia fuera extraordinaria para también poner un granito de arena en algo tan noble. Los colaboradores de la cena estuvieron cerca, apoyándome por si me cansaba, dándome ánimos. Lo que habíamos construido durante tanto tiempo marchaba a la perfección como para poder delegar las responsabilidades y quedarme en casa después de aquel último servicio.

Carmela DeMorada también fue una experiencia poderosísima durante esos meses. Como ya les conté, surgió como el sueño que siempre tuve desde que me mudé a la Ciudad de México, que era tener un restaurante en la colonia Roma, uno muy a mi estilo, con platillos de autor basados en mis gustos y antojos durante el embarazo, el vínculo gastronómico con mi bebita, un ideal que se materializaba a la par de su llegada al mundo. En mi agenda había marcado puntualmente el trabajo en la creación de recetas y todo iba de maravilla, hasta que mi cuerpo experimentó más cambios, empecé a sentirme extraña y por precaución acaté quedarme en cama con reposo absoluto. Para los postres tuve el soporte de mis amigos reposteros: Fernanda Prado, Jesús Escalera, Paulina Abascal y Mauricio Ocaña, que hicieron un trabajo espectacular, con el cariño y compañerismo que siempre han tenido en este pequeño grupo más cercano a una familia.

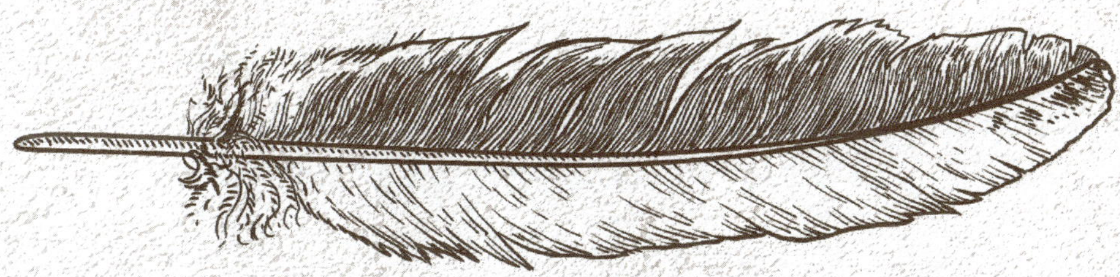

Martina nació en el mes de octubre. Ella no tuvo nombre hasta que la vi y supe que una niña como ella, con esa carita, que ahora era mía y estaba en mi mundo, debía llamarse así.

No puedo describir todo el amor y felicidad que me inundaron cuando llegó, pero también mucho miedo e incertidumbre.

Mi hija nació antes, se adelantó casi dos meses, por lo que pasó un tiempo en terapia intensiva.

En medio de la anestesia por la operación podía verla rodeada de doctores, pero sin comprender qué estaba sucediendo; la respiración de Martina era muy rápida, pero al contacto con su papá, cuando ella tomó su dedo, el ritmo de la respiración se reguló. Después, durante mi recuperación, supe de la situación de mi hija, mi preocupación se fue al límite, y aunque confiaba plenamente en los doctores, no podía dejar de pensar en la lucha de mi hija por acostumbrarse a estar aquí antes de tiempo. Por eso volver a casa con ella fue el principio de un camino inexplorado, un día a día en el que tendríamos que adaptarnos a ella y ella a nosotros.

Nunca antes había sentido tan dentro de mí la importancia de la alimentación para alguien que alimenta, porque a ella le caía mal mi leche. Yo pensaba con cuidado qué comer para que ella también pudiera asimilar lo que le daba.

Esto es complicado cuando te dedicas a la cocina, porque hay que probar de todo, ácidos, picantes, amargos; probar y escupir nunca estuvo en mi universo como cocinera, hasta que tuve que hacerlo.

La apertura de dos restaurantes y el nacimiento complicado de mi hija eran situaciones fuera de mi alcance, no podía cambiarlas por completo, pero sí acoplarme a ellas aceptándolas. Ahora, viendo hacia atrás, sé que esos tres eventos al mismo tiempo fueron un punto de inflexión que me dio la enorme enseñanza de que por más metódico que uno trata de ser, la vida se mueve a distinta velocidad.

Nos convertimos en una familia de tres, con compromisos laborales y al mismo tiempo necesidad de descanso, respetando los tiempos de Martina y sacando adelante proyectos.

Mis dinámicas también han cambiado: me doy un descanso de al menos un día al 100% para estar con ella, procuro tener comida en casa, porque parece broma, pero el colmo de un chef es tener el refri vacío o comer cualquier cosa, y con Martina en casa el cuidado por la alimentación se extiende hasta nosotros.

Desde pequeña ella está relacionada con mi trabajo, le tocó ir a mi
supervisión de servicios cuando aún tenia que estar dentro de mi, dio sus
primeros pasos en los restaurantes, donde también probó sus primeras
frutas y se enamoró de algunos sabores. Martina se ha adaptado a la vida
que tenemos y nosotros a una nueva vida, donde los cuidados y la ternura
son el centro de estos años, porque ella nos está enseñando cómo se hace
todo por primera vez. Martina nos "ayuda" cuando nos pasa una cuchara,
al saber dónde están algunas cosas que se usan en el restaurante o esperar
pacientemente que terminemos de hacer alguna prueba; hoy es una niña
fuerte, sana, feliz, que vino a nosotros luchando y cada día nos muestra
algo distinto.

Martina llegó a revolucionar mi mundo de maneras que nunca me imaginé,
desde su inocencia tan solo por existir y depender de mí; antes éramos una
y andábamos juntas para todas partes, pero al convertirse en alguien más
en el mundo, de mejorarlo para mí, también aparecieron más pensamientos
que la ponían a ella en primer lugar.

Cocinar Canciones también se ha convertido en un vínculo increíble con mi hija, así como imaginar sabores lo fue con mi mamá. Martina vino a despertar en mí una imaginación diferente, la de los sentidos; las ganas de crear recetas y ahora cocinar canciones.

Martina me acompaña mientras yo preparo una crema con maracuyá y carambolo, ella muerde las frutas y da su aprobación. Al final, terminamos con una pavlova deliciosa con gomitas en forma de abeja, porque es la música que a ella le gusta. Tal vez, con el paso de los años y conforme crezca, olvide esto, pero ahí estaré yo para mostrarle los videos y hasta las partituras gustativas, y sé que cuando coma un postre con maracuyá, galleta y miel va a tener la sensación de que es algo que ya vivió y fue muy feliz.

En este momento veo a Martina y sé que las cocinadas con ella, los desvelos o tenerla a mi lado durante los servicios es igual de valioso que los días de paseo o juegos en casa. En medio de platos y sartenes estamos construyendo memorias a las que ella volverá cuando crezca y el aroma de un guiso la transporte a alguna de nuestras tardes frente a la estufa.

Escribir este libro también ha sido llegar a lo más profundo de mi corazón y mis recuerdos y poner en cada palabra mi historia e identidad, así Martina entenderá mejor de dónde viene y cuáles

han sido los instantes de alegría, aprendizaje y resiliencia que trazaron mi camino. Mi hija recorrerá estas páginas y quizás sonría cuando se dé cuenta de que siempre estuvo en mis sueños y en el trabajo que su papá y yo escogimos como forma de vida. No es sencillo hablar de uno mismo, pero decidí hacerlo con amor para que Martina comprenda quién es su mamá porque contar historias, al igual que cocinar, también es un enorme acto de cariño y cuidado.

RECETAS

Ensalada de jícama con pesto de pistaches y uvas verdes

RINDE 4 PORCIONES

Montaje

400 g de fetuccini de jícama

240 g de pesto de pistache

80 g de pistache picado

80 g de uvas verdes

5 g de hojas de albahaca

1. En un bowl, mezcla la jícama con el pesto y rectifica el punto de sal.
2. Sirve en un plato ligeramente hondo y espolvorea el pistache.
3. Rebana las uvas verdes y coloca sobre la ensalada.
4. Por último, coloca las hojas de albahaca.

Tip: Esta ensalada luce más cuando no llueve, ya que es un plato para época de calor, y porque las jícamas son menos crujientes en época de lluvia.

Para el pesto de pistache

2 l de agua para blanquear
50 g de cilantro
35 g de espinacas
45 g de albahaca
60 g de pistache limpio

60 g de cacahuate tostado
60 ml de aceite de oliva
80 ml de vinagre orgánico de manzana
50 ml de jugo de limón
c/n de sal de Guerrero

1. En una olla agrega el agua y llévala a hervor.
2. Prepara un recipiente amplio con hielos y agua.
3. Para blanquear, agrega en el agua hirviendo el cilantro, las espinacas y la albahaca, cada uno por separado; déjalos en el agua por 30 segundos y rápidamente introdúcelos al agua con hielos.
4. En una licuadora, coloca todos los ingredientes para moler hasta que obtengas una mezcla homogénea.
5. Vierte el pesto de cilantro en el bowl o recipiente con capacidad aproximada de un litro y rectifica que el punto de sal sea el deseado.
6. Deja enfriar antes de guardar. Verifica la sazón una vez que esté completamente frío.

Tip: Separa las hojas para decorar antes de blanquear el cilantro y la albahaca.

Para las tiras de jícama

1 kg de jícama

1. Limpia y pela la jícama.
2. Corta en rebanadas delgadas, tomando como referencia el grosor del espagueti.
3. Cuadra y corta en tiras delgadas al gusto.
4. Reserva en frío dentro de un recipiente hermético, para el momento de la preparación.

Tostadas de mentiras

RINDE 4 PORCIONES

Montaje

8 tostaditas redondas de 6 cm

15 g de cremoso de aguacate para las tostadas de minilla

80 g de coco en escabeche

5 g de zanahoria laminada

5 g de chile de árbol (rodajas finas)

52 g de frijoles refritos en aceite

60 g de minilla de coco

4 g de hojitas de cilantro criollo

Tostada de coco en escabeche

1. Sobre las tostadas coloca cremoso de aguacate y coco en escabeche.
2. Decora cada una con una lámina de zanahoria en escabeche y una rodaja de chile.

Tostada de minilla

1. Coloca sobre la tostada frijoles.
2. Sobre los frijoles, agrega la minilla de coco.
3. Decora cada una con un punto de cremoso de aguacate y media pizca de cilantro.

Tip: Para hacer las laminitas de zanahoria, como son muy pequeñas, puede ser con ayuda de un pelador de vegetales.

Para el coco en escabeche

583 g de coco de cuchara
167 ml de aceite de oliva puro
3 g de orégano
25 g de diente de ajo entero aplastado
3 g de pimienta gorda (craquelada)

3 g de hojas de laurel
238 g de cebolla en julianas
83 ml de vinagre blanco
c/n de sal de Guerrero

1. Corta el coco tierno en cubos pequeños y agrega a un bowl.
2. Calienta en un sartén amplio durante 10 minutos el aceite, el orégano, el ajo, la pimienta y las hojas de laurel.
3. Agrega lo del sartén al bowl donde se encuentra el coco y mezcla.
4. Agrega a la mezcla la cebolla y la sal.
5. Retira el ajo y reserva para el montaje.

Tip: El coco de cuchara también es conocido como coco tierno, y el día que quieras preparar esta receta puedes encontrar el coco en los diferentes carritos donde se vende agua de coco por todo el país.

Para el cremoso de aguacate

52 ml de jugo de limón Colima
21 g de hojas de cilantro poblano
10 g de cebolla blanca (corte irregular)

11 g de chile serrano (sin semilla)
120 g de aguacate
c/n de sal de Guerrero

1. Retira la pulpa de los aguacates y agrega a una licuadora para moler con las hojas de cilantro, la cebolla, el chile, el jugo de limón y la sal.
2. Reserva para el montaje.

Para la minilla de coco

250 ml de aceite de oliva
150 g de cebolla blanca finamente picada
150 g de pimiento verde
20 g de ajo finamente picado
1 kg de jitomate en cubos
2 g de pimienta negra molida

2 g de comino en polvo
2 g de clavo de olor en polvo
50 g de chile ancho seco
50 g de chile guajillo seco
c/n de sal de Guerrero

1. En un sartén amplio, precalienta el aceite y agrega la cebolla, el pimiento, el ajo y el jitomate, y una vez que hierva, cocina durante 45 minutos a fuego muy bajo.
2. En una charola pequeña coloca las piezas de chile guajillo y ancho e introduce al horno durante 15 minutos a una temperatura de 100 °C, muele en licuadora haciendo polvo y reserva.
3. Una vez listo el sofrito, agrega la pimienta, el comino, el clavo, el polvo de chiles y mezcla.
4. Ralla el coco duro, agrega a la preparación del sofrito e integra perfectamente, agrega la sal y deja cocinar durante 30 minutos más para suavizar la textura de la minilla.
5. Rectifica el punto de sal y reserva para el montaje.

Tip: Para saber que la minilla está lista debe obtener un color rojizo profundo.

Para los frijoles refritos

8 g de diente de ajo
15 g de cebolla blanca (cubos de 1 cm)
300 g de frijoles negros (crudos)
1.5 l de agua
c/n de sal de Guerrero

120 ml de aceite vegetal
16 g de cebolla morada (cubos de 1 cm)
15 g de pimiento morrón verde en cubos
5 g de chile serrano
3 g de epazote

1. Agrega todos los elementos en una olla, excepto el aceite y la sal; cocina a fuego medio durante una hora aproximadamente o hasta que los frijoles estén tiernos.
2. Una vez listos, licua los frijoles con el caldo de su cocción.
3. Calienta un sartén con aceite y fríe los frijoles hasta obtener una pasta bastante consistente, agrega la sal hasta el final de la preparación rectificando la sazón.

Para las tostadas

500 g de tortilla de maíz
1 l de aceite vegetal

1 cortador de 6 cm de diámetro

1. Corta las tortillas con el aro para cortar.
2. Calienta el aceite a 200 °C y fríe las tortillas hasta que estén perfectamente crujientes, escurre sobre papel absorbente y reserva.

Paquetitos de plátano macho rellenos de tierra de luna

Montaje

480 ml de salsa de tomate

60 ml de crema de rancho

60 g de queso doble crema (rallado)

20 g de polvo de chicharrón

12 paquetitos de plátano

1. **1.** Fríe los paquetes de plátanos hasta que se encuentren completamente dorado oscuro.
2. **2.** En la base de un plato redondo plano, forma un espejo de salsa de tomate.
3. **3.** Forma un espiral de crema de rancho sobre la salsa de tomate con ayuda de una mamila de cocina.
4. **4.** Coloca una cucharadita de queso doble crema debajo de los paquetes de plátano a manera de base.
5. **5.** Espolvorea el chicharrón molido sobre cada paquetito de plátano.

Para la masa de plátano

1.5 kg de plátano macho negro muy pasado de maduración
133 ml de aceite vegetal

1. **1.** Para la elaboración de la masa de plátano corta las extremidades, haz un corte a lo largo del plátano; ve colocándolos en una charola forrada con papel aluminio y acomódalos de manera uniforme para que entren todas las piezas posibles. Tapa la charola herméticamente con otro pliegue de papel aluminio.
2. **2.** Introduce la charola en el horno durante dos horas y media a una temperatura de 140 °C.
3. **3.** Transcurrido ese tiempo, saca la charola del horno y retira la pulpa de la cáscara del plátano.
4. **4.** Con ayuda de una batidora, utilizando las aspas más gruesas, procesa la masa de plátano hasta dejarla tersa.
5. **5.** A continuación, en un sartén amplio agrega el aceite y esparce en todo el sartén para formar un teflón; agrega la masa de plátano y mueve constantemente con una pala de madera hasta que la masa pierda el 30 por ciento de la humedad inicial.
6. **6.** Una vez que la masa esté tibia, forma bolitas tomando como referencia el tamaño de una nuez de Castilla entera (35 g) y reserva.

Tip: Para este proceso es muy importante utilizar los plátanos en su máxima maduración, completamente negros y blanditos.

Para el armado de los paquetitos

750 g de masa de plátano
150 g de frijoles refritos

1. Para el armado de los paquetitos de plátano se utiliza una máquina para hacer tortillas, a la cual se le colocan unas piezas de plástico que ayudarán a que no se pegue la masa al momento de ejercer presión, por ello irán en la parte superior e inferior de las bolitas de plátano.
2. Una vez formada la tortilla se agrega al centro una porción de frijoles con la punta de una cuchara (7 g), se doblan dos de las extremidades hacia adentro y se repite con las otras dos para formar un cuadro pequeño.
3. Una vez listos, se reservan para la siguiente preparación.

Para los frijoles refritos

300 g de frijoles negros
1.5 l de agua
10 g de ajo
16 g de cebolla blanca en cuartos
120 ml de aceite vegetal

16 g de cebolla morada
15 g de pimiento morrón verde en cubos
6 g de chile serrano
3 g de epazote
c/n de sal de Guerrero

1. Agrega todos los elementos en una olla, excepto el aceite y la sal; cocina a fuego medio durante una hora aproximadamente o hasta que los frijoles estén tiernos.
2. Una vez listos, licua los frijoles con el caldo de su cocción.
3. Calienta un sartén con aceite y fríe los frijoles hasta obtener una pasta bastante consistente; agrega la sal hasta el final de la preparación rectificando la sazón.

Para la salsa de tomate

1.3 kg de jitomate guaje
2 l de agua para hervir
11 g de ajo

146 g de cebolla blanca en cuartos
90 g de mantequilla
c/n de sal de Guerrero

1. En una olla con agua, hierve los jitomates, el ajo y la cebolla por 30 minutos aproximadamente.
2. Transcurrido este tiempo, cuela los ingredientes y licua la salsa agregando la mantequilla y solo una tercera parte del líquido de la cocción, que darán homogeneidad a la preparación.
3. Ya licuada, pásala por un colador y regrésala a una olla para su hervor, esto terminará de darle consistencia a la preparación. Reserva para el momento del montaje.

Tip: Los jitomates tienen que estar completamente maduros para una salsa de sabor y color más intensos.

Tostones de jaiba con piña asada

Montaje

8 tostones de plátano

6 g de hojas de arúgula y hojas de menta fileteadas

300 g de jaiba preparada

15 g de salsa macha

20 g de piña asada preparada

8 tercios de limón Colima

c/n de sal de Guerrero

1. Coloca las piezas de tostones de plátano en una charola pequeña y distribuye la mezcla de arúgula con menta sobre estos.
2. Esparce la jaiba uniformemente sobre los tostones acomodando bien todos los bordes.
3. Agrega sobre la jaiba gotas y asiento de salsa macha con una cuchara.
4. Sobre la jaiba agrega la piña, y acompaña con un tercio de limón con sal.

Tip: Como he mencionado antes, a la hora de elegir pescados y mariscos siempre hay que inclinarse por lo más fresco posible para lograr platos extraordinarios. Si crees que la receta es muy larga, puedes ahorrar el paso de hacer tus propios tostones y comprar las tostadas de tu preferencia. Cada que colocamos un tercio de limón en un plato agregamos sal encima para no bajar la sazón. Recuerda que la sal es al límite de riesgo.

Para el tostón de plátano macho verde

400 g de plátano macho verde

1.5 l de agua para cocer el plátano

10 g de fécula de maíz

15 ml de agua para mezclar

1 l de aceite para freír

1. Retira la cáscara a los plátanos con ayuda de un pelador y cuécelos durante una hora hasta que estén suaves.
2. Una vez cocidos y aún calientes, colócalos en un bowl y aplástalos rápidamente con ayuda de un machacador de frijoles, hasta eliminar los grumos.

3. Amasa con las manos. Agrega el agua y la fécula de maíz e integra perfectamente dejando la masa tersa y flexible. Forma bolitas del tamaño de una uva (8 g).

4. Con ayuda de una tortillera aplasta las bolitas de plátano colocando un plástico debajo y por encima para evitar que se pegue al hacer presión.

5. Precalienta el aceite a 190-200 °C en una cacerola amplia e introduce poco a poco las piezas durante tres minutos; retira del aceite y escurre en papel absorbente. Resérvalas para el montaje.

Para la jaiba preparada

400 g de pulpa de jaiba

80 g de cebolla blanca picada finamente

50 g de apio picado

80 g de mayonesa

40 g de jugo de limón Colima

c/n de sal de Guerrero

1. Coloca la pulpa de jaiba en un bowl amplio y limpia la jaiba retirando las cáscaras del caparazón y las impurezas.

2. Agrega al bowl donde se encuentra la jaiba el jugo de limón, la cebolla, el apio, la mayonesa y la sal. Mezcla todos los ingredientes; rectifica punto de sal y refrigera un par de horas para la marinación.

3. Transcurrido ese tiempo, escurre la jaiba con ayuda de un colador sin necesidad de ejercer presión y reserva para el montaje.

Tip: En el caso de la mayonesa, intentamos varias recetas con mayonesa hecha en casa y ninguna le llegó a la de tapa roja con la que crecimos.

Para la salsa macha

380 ml de aceite vegetal

55 g de cebolla morada (cubos de 5 mm)

35 g de cebolla blanca (cubos grandes)

14 g de chile ancho (sin semillas, trozos de 1 cm)

20 g de chile morita (sin semillas, trozos de 1 cm)

40 g de tortilla (trozos de 1 cm)

3 g de orégano verde (seco)

35 g de ajo (sin corazón, pelado y tostado)

24 g de ajonjolí blanco

17 g de cacahuate

c/n de sal de Guerrero

1. En una cacerola precalienta el aceite a fuego bajo, agrega la tortilla, fríe, retírala del fuego y escurre
2. En la misma cacerola agrega la cebolla, el ajo, la tortilla y cocina durante 20 minutos o hasta que estén deshidratados; agrega el resto de los ingredientes y cocina hasta que los chiles estén dorados (no quemados).
3. Deja que se enfríe y muele con un procesador, deberán quedar trozos de cacahuate, chile, ajonjolí (no tiene que ser un molido perfecto).

Sope de chicharrón prensado y pulpo

Montaje

4 pzas. de 90 g de sopes

35 g de frijoles refritos

35 ml de salsa verde tatemada

10 g de cebolla blanca picada finamente

10 ml de crema de rancho

80 g de chicharrón prensado

50 g de pulpo rebanado

25 g de queso doble crema

35 g de cremoso de aguacate

2 g de hoja de epazote

c/n de manteca

1. En un sartén amplio agrega manteca de cerdo; coloca los cuatro sopes y dóralos de ambos lados.
2. Unta los frijoles y agrega la salsa, la cebolla, la crema, el chicharrón, el pulpo previamente dorado y el queso doble crema.
3. Retira del fuego y agrega puntos del cremoso de aguacate y la hoja de epazote frita.

Nota: Esta receta se crea por la convicción de no desperdiciar en la cocina, ya que las cabezas de pulpo estaban generando una merma al solo utilizar los tentáculos para otro plato. Hoy en día el sope de pulpo es uno de nuestros platos favoritos que nos ha acompañado a lo largo de los años.

Para el sope

360 g de masa de maíz

50 ml de agua

1. Coloca la masa en un bowl, agrega agua poco a poco y amasa hasta que la masa esté suave.
2. Forma bolitas de masa de 90 gramos cada una.
3. En una tortillera coloca la bolita de masa entre dos plásticos, ejerce presión hasta obtener tortillas gruesas de 12 cm de diámetro.
4. Precalienta un comal o sartén a fuego medio y ve colocando los sopes, para precocerlos. Ve reservándolos en un trapo de cocina.
5. Con ayuda de otro trapo de cocina presiona con los dedos toda la circunferencia del sope para formar un borde y evitar que se esparza el relleno.

Para la cocción del pulpo

1 kg de pulpo
3 l agua
1 g de laurel
2 g de pimienta gorda

635 g de cebolla morada
30 g de dientes de ajo
c/n de sal de Guerrero

1. En una olla amplia agrega el agua, el laurel, la pimienta, la cebolla, los dientes de ajo y la sal, y pon al fuego.

2. Una vez que hierva el agua, sumerge el pulpo tres veces para generar rizos en los tentáculos; a esta práctica se le conoce coloquialmente como "espantar el pulpo". Baja la temperatura al fuego y cocina por una hora o hasta que esté suave. Revisa a los primeros 40 minutos, retirando la pieza del agua y haciendo un pequeño corte para verificar la cocción.

3. Ya cocinado el pulpo, haz un choque térmico introduciéndolo en agua con hielo para cortar la cocción.

4. Cuando el pulpo se haya enfriado, córtalo en cubitos y reserva para el montaje.

Para el chicharrón prensado

250 g de jitomate en cuartos

40 g de cebolla blanca en cuartos

10 g de ajo

85 g de chile guajillo

500 g de chicharrón prensado

200 ml de agua caliente

1. En un sartén amplio coloca los jitomates, la cebolla y el ajo para asarlos a fuego alto.

2. Una vez asados, dora unos segundos el chile guajillo.

3. Agrega en una licuadora el jitomate asado, la cebolla, el ajo y el chile guajillo con el agua, que ayudará a hidratar el chile, y muélelos.

4. En una cacerola amplia agrega el chicharrón prensado y calienta durante cinco minutos; transcurrido ese tiempo, agrega la salsa y cocina durante 25 minutos a fuego medio. Reserva para el montaje.

Para el cremoso de aguacate

120 g de aguacate

50 ml de jugo de limón Colima

20 g de hojas de cilantro poblano

10 g de cebolla blanca (corte irregular)

10 g de chile serrano (sin semilla)

c/n de sal de Guerrero

1. Retira la pulpa de los aguacates y agrega a una licuadora para moler con las hojas de cilantro, la cebolla, el chile, el jugo de limón y la sal.

2. Reserva para el montaje.

Para los frijoles refritos

300 g de frijoles negros
1.5 l de agua
10 g de ajo
16 g de cebolla blanca en cuartos
120 g de manteca de cerdo

16 g de cebolla morada
15 g de pimiento morrón verde en cubos
6 g de chile serrano
3 g de epazote
c/n de sal de Guerrero

1. Agrega todos los elementos en una olla, excepto la manteca y la sal; cocina a fuego medio durante una hora aproximadamente o hasta que los frijoles estén tiernos.
2. Una vez listos, licua los frijoles con el caldo de su cocción.
3. Calienta un sartén con la manteca y fríe los frijoles hasta obtener una pasta bastante consistente; agrega la sal hasta el final de la preparación rectificando la sazón.

Para la salsa verde tatemada

580 g de tomate verde en mitades
230 g de cebolla morada en cuartos

40 g de cilantro poblano fileteado
c/n de sal de Guerrero

1. En la parrilla, asa los tomates verdes y las cebollas hasta que estén tatemados.
2. Corta en cubos ambos ingredientes y ponlos en un bowl.
3. Agrega el cilantro a la mezcla anterior y rectifica el punto de sal.

Fetuccini con camarones, chiltomate y crema de Xtabentún

RINDE 4 PORCIONES

Montaje

24 camarones 16/20
25 ml de aceite de oliva
c/n de sal de Guerrero
25 g de mantequilla
120 ml de licor de Xtabentún

500 ml de crema
720 g de fetuccini cocido
160 g de chiltomate
8 g de hojas de cilantro

1. En un sartén amplio agrega el aceite de oliva y calienta a fuego alto; agrega las piezas de camarón y sella de ambos lados.
2. Agrega la mantequilla; espera un momento a que se derrita y enseguida agrega la mitad del licor, flaméalos, retíralos del sartén y reserva.
3. Posteriormente agrega al sartén la otra parte del licor y deja que se reduzca un momento para que evapore, enseguida agrega la crema y mezcla perfectamente; deja que hierva, agrega la pasta y reserva.
4. En un tazón para pasta sirve la pasta con la salsa de Xtabentún del sartén.
5. Coloca sobre la pasta el chiltomate, acomoda los camarones a los costados y decora con las hojas de cilantro.

Para la pasta fetuccini fresca

625 g de harina fina
330 g de huevo
90 g de yemas de huevo

20 ml de aceite de oliva
13 g de sal de Guerrero

1. Haz una fuente con los ingredientes secos.
2. Al centro agrega el huevo, el aceite y la sal.
3. Incorpora todo hasta que tenga una consistencia manejable.
4. Pasa por una laminadora para pasta con el rodillo para fetuccini.

5. Lleva el agua a hervor e introduce la pasta un par de minutos; luego retírala y ponla en el agua con hielo para cortar la cocción, finalmente, retírala, agrégale aceite, mézclala y resérvala para el montaje.

Para el chiltomate

650 g de jitomate guaje maduro
185 g de cebolla blanca en cuartos
8 g de ajo
4 g de chile habanero

25 g de cilantro poblano
30 ml de jugo de limón Colima
10 g de sal de Guerrero

1. En un comal a fuego alto agrega el jitomate, la cebolla, el ajo y el chile habanero y tatémalos.
2. Una vez completamente negros, retíralos del comal y pícalos finamente.
3. Pica finamente el cilantro poblano, agrégalo al chiltomate junto con la sal y el jugo de limón. Reserva para el montaje.

Pescado con arroz a la tumbada

Montaje

720 g (4 pzas.) de pescado (pesca del día)

450 g de arroz a la tumbada

4 tercios de medio limón Colima

12 g de cebolla blanca en julianas finas

25 g de hojas de espinacas baby

4 g de hojas de epazote

4 g de hojas de cilantro criollo

c/n de vinagreta de limón

c/n de sal de Guerrero

1. Precalienta el horno a 200 °C y en un refractario coloca como base cebolla troceada, encima los pescados y cubre herméticamente con papel aluminio e introdúcelo al horno durante 10 minutos o hasta que los pescados estén cocidos pero tiernos.
2. Calienta el arroz a la tumbada a fuego medio, moviendo con una pala de madera mientras está el pescado.
3. En un plato hondo sirve el arroz y coloca la pieza de pescado; sobre el pescado agrega las julianas de cebolla y un abanico de aguacate.
4. Haz una mezcla de hojas con el cilantro, las espinacas, el epazote y colócala sobre el pescado.
5. Por último, agrega un poco de vinagreta sobre el mix de hojas y el aguacate y acompaña con un tercio de limón.

Para el arroz a la tumbada

40 ml de aceite de oliva
50 g de cebolla blanca finamente picada
175 g de pimiento rojo escalfado y picado
10 g de ajo finamente picado
250 g de jitomate picado

250 g de arroz arborio
30 g de pimentón de la vera ahumado
800 g de fondo de pescado
90 g de mantequilla
c/n de sal de Guerrero

1. En una cacerola agrega el aceite, la cebolla, el pimiento y el ajo; saltea unos segundos y agrega el jitomate y reduce durante cinco minutos moviéndolo de forma constante hasta formar una pasta.
2. Agrega el arroz al sofrito y el pimentón de la vera; mezcla durante un minuto.
3. Agregar el fondo de pescado y la mantequilla y deja que se cocine durante 10 minutos a fuego medio; muévelo de vez en cuando para evitar que se adhiera.
4. Por último, agrega la sal. Rectifica el sazón y reserva para el emplatado.

Tip: El secreto para esta receta es el pimentón de la vera ahumado que aporta ese sabor muy rico e incluso con un aroma característico a pueblo.

Para el fondo de pescado

1 kg de cabeza de pescado grande

175 g de cebolla blanca

75 g de zanahoria

75 g de apio

3 g de laurel

2 l agua

1. En una olla coloca la cabeza de pescado, el agua, la cebolla, la zanahoria, el apio y el laurel, y lleva a hervor a fuego lento durante hora y media.
2. Cuela y reserva para las siguientes preparaciones.

Short Rib con chirmol

Montaje

500 g de chirmol

720 g de Short Rib en piezas

60 g de calabaza criolla en tercios

60 g de puré de plátano pasado

35 g de cebollas en vinagre

20 ml de aceite de oliva

10 g de cilantro criollo

6 g de epazote

1. Calienta la salsa de chirmol a fuego alto, y una vez que hierva baja la flama y mantenla así hasta el montaje.
2. En un sartén antiadherente calienta unas gotas de aceite de oliva, coloca las piezas de calabaza, sella de ambos lados y reserva.
3. En ese mismo sartén coloca las piezas de Short Rib, sella por todos sus lados y mantenlas calientes.
4. En un plato amplio forma un espejo de chirmol caliente, sobre un costado coloca una pieza de Short Rib y báñala con la salsa encima y la cebolla encurtida; a un costado coloca el puré de plátano y las calabazas.
5. Por último, agrega sobre el Short Rib las hojas de cilantro, la hoja de epazote y un hilo de aceite de oliva alrededor.

Puré de plátano maduro

241 g de plátano macho muy maduro
40 g de azúcar refinada
150 ml de agua

24 g de mantequilla sin sal
2 g de sal

1. Envuelve el plátano macho en papel aluminio. Colócalo en charolas de metal y mételo al horno a 200 °C por dos horas.
2. Después de horneado, retira el papel aluminio y la cáscara.
3. Coloca el plátano en la licuadora con el agua, el azúcar, la sal y la mantequilla y muélelo hasta formar una pasta.
4. Reduce en un sartén casi hasta la mitad y reserva para el montaje.

Para la cocción del Short Rib

1.3 kg de Short Rib
45 g de sal de Guerrero
60 g de azúcar estándar
10 g de pimienta negra molida
265 g de cebolla blanca (troceada de 4 cm)

362 g de zanahoria (troceada de 4 cm)
10 g de cilantro (entero)
382 g de jitomate guaje (troceado en 4)
300 g de calabaza italiana (trozos de 4 cm)

1. Mezcla en un bowl la sal, el azúcar y la pimienta molida.
2. Retira con un cuchillo la grasa del Short Rib y espolvorea con la mezcla anterior.
3. Sella en un sartén a fuego alto por todos sus lados.
4. En un refractario amplio coloca el Short Rib con la cebolla, la zanahoria, el cilantro, el jitomate y la calabaza.
5. Cubre con agua, tapa con papel aluminio e introdúcelo al horno durante dos horas y media a 160 °C.
6. Transcurrido ese tiempo, retíralo del horno y resérvalo para el montaje.

Para el chirmol

1 kg de carne con hueso
2 pzas. de leña
3 l de agua para caldo
922 g de jitomate
42 g de cebolla morada en cuartos
42 g de cebolla blanca en cuartos

97 g de tortillas secas
50 g de pepita de calabaza tostada
17 g de ajonjolí blanco tostado
23 g de chile ancho
120 g de manteca de cerdo
c/n de sal de Guerrero

1. Asa la carne en un asador con leña hasta que esté bien cocida. Haz un caldo con el agua y la carne cocinándolo por dos horas.
2. En un comal a fuego alto coloca los jitomates, la cebolla morada, la cebolla blanca y las tortillas. Una vez tatemados por todos sus lados retíralos y resérvalos en un bowl.
3. A continuación, en un sartén caliente dora 20 segundos el chile ancho por ambos lados; retíralo y agrégalo al bowl de los ingredientes tatemados.
4. En una licuadora muele los ingredientes anteriores, agregando el ajonjolí, las pepitas, el chile ancho y el caldo.
5. Precalienta la manteca de cerdo en una cacerola y agrega la salsa licuada, redúcela moviéndola constantemente y resérvala.

Cebollas en vinagre

200 g de cebolla blanca en julianas

1 g de orégano verde (seco)

1 g de hoja de laurel

1 g de pimienta gorda triturada

1 g de pimienta chica triturada

1 g de clavo de olor triturado

150 ml de vinagre blanco

350 ml de agua

c/n de sal de Guerrero

1. Agrega a un bowl la cebolla en julianas.
2. Lleva agua a hervor con el vinagre, el laurel, las pimientas, el clavo y la sal.
3. Una vez lista la infusión, agrégala rápidamente al bowl donde están las cebollas, cubre con plástico adherente, deja enfriar a temperatura ambiente, refrigera y reserva hasta su uso.

Cordero confitado con salsa tatemada, alioli y hierbabuena

RINDE 4 PORCIONES

Montaje

550 g de cordero confitado

200 ml de salsa tatemada

60 ml de vinagreta de cilantro

40 g de cebolla caramelizada

60 g de alioli de ajo

60 g de papa frita en cubos

25 g de aguacate en cubos

60 g de piña asada en cubos

30 g de cebolla morada laminada en rodajas

12 g de hojas de menta

250 ml de salsa tatemada para acompañar

120 g de alioli para acompañar

c/n de tortillas de maíz

1. En un sartén con antiadherente calienta el cordero con la salsa tatemada.
2. Sirve el cordero en un plato con borde y agrega la vinagreta de cilantro, la cebolla caramelizada, el alioli en puntos, la papa, el aguacate, la piña, la cebolla morada y por último las hojas de menta.
3. Acompáñalo con tortillas de maíz, salsa tatemada, vinagreta de cilantro y alioli.

Para el alioli

20 g de diente de ajo

70 ml de leche

110 ml de aceite vegetal

c/n de sal de Guerrero

1. En una licuadora agrega el ajo, la leche y la sal, y comienza a licuar.
2. Levanta la tapa pequeña de la licuadora y agrega poco a poco el aceite en forma de hilo para lograr una emulsión. Reserva.

Para el cordero confitado

3.5 l de aceite de oliva

2 kg de pierna y espaldilla de cordero

16 g de pimienta negra triturada

c/n de sal de Guerrero

1. Coloca las piezas del cordero en una charola y espolvoréalas de ambos lados con la sal y la pimienta.
2. En una olla grande coloca las piezas de cordero y cúbrelas con el aceite de oliva.
3. Calienta el aceite a 80 °C y mantenlo a esa temperatura durante dos horas o hasta que la carne se desprenda sola.
4. Retira del aceite, escurre, deshebra y reserva para el montaje.

Para las cebollas caramelizadas

200 g de cebolla blanca cortada en julianas

60 g de mantequilla sin sal

c/n de sal de Guerrero

1. En un sartén caliente agrega la mantequilla, la cebolla y la sal.
2. Cocina a fuego medio hasta que las cebollas tengan un ligero color café.

Para la salsa tatemada

470 g de jitomate guaje en cuatro partes

8 g de diente de ajo

10 g de chipotle tamarindo sin semilla

100 ml de aceite vegetal

c/n de sal de Guerrero

1. En un comal tatema el jitomate y el ajo hasta que estén completamente negros y reserva.
2. Fríe el chipotle tamarindo.
3. Coloca todos los ingredientes en una licuadora, muélelos y rectifica la sazón.

Vinagreta de cilantro

80 g de cilantro poblano

500 ml de agua para blanquear

20 ml de vinagre de manzana orgánico

50 ml de aceite de oliva

c/n de sal de Guerrero

1. En una olla calienta agua y una vez que hierva introduce el cilantro durante 30 segundos y retíralo.
2. Introdúcelo en agua con hielo para detener la cocción, retíralo y escúrrelo.
3. En una licuadora agrega el cilantro, el vinagre y la sal y licua agregando el aceite en forma de hilo.
4. Rectifica el punto de sal y reserva.

Para las papas fritas

1 l de aceite vegetal

300 g de papa cortada en cubos de 1 cm

c/n de sal de Guerrero

1. Precalienta el aceite en una olla a 190 °C.
2. Introduce las papas un par de minutos, retíralas del aceite, escúrrelas en papel absorbente y resérvalas para el montaje.

Pastel de chocolate de Tabasco

RINDE 4 PORCIONES

Montaje

20 ml de crema batida
4 porciones de pastel de chocolate

12 pzas. de mermelada de chabacano
c/n azúcar glass

1. Agrega la mermelada sobre la superficie del pastel, espolvorea con azúcar glass.
2. Al momento de servir acompaña con una taza de crema batida.

Pastel de chocolate

6 huevos
200 g de nuez pecana
180 g de azúcar refinada

90 g de mantequilla francesa
150 g de chocolate semiamargo de Tabasco
½ cdita. de sal de Guerrero

1. Derrite a baño maría el chocolate con la mantequilla y reserva.
2. En una licuadora muele la nuez, el azúcar, los huevos y la sal.
3. Agrega el chocolate y la mantequilla a la mezcla de la licuadora.
4. Vierte la mezcla en un molde de 20 cm previamente engrasado y enharinado.
5. Hornea a 180 °C por 40 minutos.

Mostachón tropical

Montaje

240 g de mostachón

160 g de cremoso de queso

200 g de piña en cubos

c/n de carambola laminada

100 ml de jarabe de maracuyá

1. En un plato hondo coloca la pieza de mostachón y sobre este agrega el cremoso de queso, la piña y la carambola.
2. Por último, agrega el jarabe de maracuyá.

Tip: Este postre lo aprendí de mi amiga Gaby en la universidad, ella lo hacía con fresas y cuando era temporada lo hacía con mango. Hicimos una vez uno con pistache y kiwi y también quedó muy bien.

Para el cremoso de queso

300 g de queso crema
200 ml de crema para batir

300 g de azúcar refinada
2 vainas de vainilla

1. En una batidora, coloca el queso crema, el azúcar, la pulpa de las vainas de vainilla y bate hasta que se acreme.
2. Agrega la crema y continúa batiendo hasta doblar su volumen. Reserva en refrigeración para el montaje.

Crujiente de mostachón

175 ml de claras de huevo
180 g de azúcar refinada
10 ml de esencia de vainilla líquida
3 g de polvo para hornear

½ cdta. de sal de Guerrero
4 paquetes de galletas Ritz troceadas
165 g de nuez pecana troceada

1. Agrega las claras de huevo a una batidora con una tercera parte del azúcar, la vainilla, el polvo para hornear y la sal y monta a media velocidad de la batidora para que se mezclen bien los ingredientes.
2. Una vez que alcance el punto de pico suave agrega la otra parte del azúcar en forma de lluvia y deja que termine de montar hasta que el merengue quede firme (punto de pico firme).
3. Divide el merengue en dos partes; una mézclala con las nueces y las galletas, y cuando esté todo incorporado agrega la segunda parte mezclando cuidadosamente.
4. Vierte la mezcla sobre una charola con papel encerado o tapete de silicona e introdúcela al horno a 120 °C por tres horas o hasta que esté crujiente.
5. Cuando alcance una temperatura ambiente trocéala con la mano y resérvala en un recipiente sellado herméticamente.

Para el jarabe de maracuyá

136 ml de jugo de naranja

9 ml de jugo de limón verde chico

330 ml de pulpa de maracuyá del mercado

165 g de azúcar refinada

1. Mezcla el jugo de naranja, el limón y la pulpa. Deja reducir a fuego medio.
2. Una vez que se redujo a la mitad de su volumen, agrega el azúcar y disuelve.
3. Reduce de nueva cuenta hasta lograr una consistencia suave y poco espesa.

Mango con manjar de coco y tapioca infusionada en rooibos y bourbon

RINDE 4 PORCIONES

Montaje

4 cáscaras de mango
160 ml de crema de coco
200 g de mango ataúlfo en cubos

180 g de tapioca bourbon
2 g de hojas de menta
c/n de hielo frappé

1. Coloca sobre las bases de mango la crema de coco.
2. Sobre la crema de coco agrega la tapioca previamente drenada y el mango.

3. Decora con las hojas de menta.
4. Sirve en un tazón sobre una base de hielo frappé.

Tip: La marca de la crema tiene que ser específicamente Thai Heritage, la lata azul. Ya probé todas las marcas que venden en Mexico y es por mucho la mejor.

Para la crema de coco

400 ml de crema de coco
20 g de fécula de maíz
70 g de azúcar refinada

40 ml de agua
1 vaina de vainilla
¼ cdita. de sal de Guerrero

1. Mezcla todos los ingredientes en frío, excepto la fécula de maíz y el agua. Pon a fuego medio, moviendo la mezcla constantemente con una espátula miserable de calor.
2. Una vez que comience a hervir agrega el agua mezclada con la fécula de maíz y mezcla vigorosamente hasta que espese. Una vez que esté lista vacíala en un bowl o recipiente para que se tempere y guárdala en refrigeración para su uso en el montaje.

Tapioca bourbon

250 g de perlas de tapioca
1.5 kg azúcar refinada
2 l agua

400 ml de vainilla líquida
250 ml de whisky bourbon

1. Para la cocción de la tapioca lleva el agua a hervor. Una vez lista agrega la tapioca y déjala hervir durante 30 minutos, moviéndola de vez en cuando para que no se pegue al fondo.
2. Una vez que ya está cocida escúrrela en un colador, enjuágala y resérvala.
3. Aparte, derrite el azúcar a fuego alto hasta que logres un caramelo rubí, desglasa con el whisky y continúa moviéndola.
4. Una vez integrado todo, agrega el agua y la vainilla. Disuelve hasta que se integre.
5. Agrega la tapioca previamente cocida e hidrátala con el jarabe.
6. Deja que se enfríe y resérvala para el montaje.

MI TEMPORADA FAVORITA

En mi pueblito la lluvia y el sol juegan todo el tiempo, se turnan para que salgamos a la calle a ver a nuestros amigos o nos quedemos en la casa oyendo música y soñando. A mí me gustan las dos cosas, pero no quiero pasar las vacaciones encerrada, es como estar en una jaula muy bonita por dentro pero sin la misma diversión. Como ya vamos a terminar un ciclo más en la escuela, los maestros organizaron una salida: nos llevaron a una hacienda a ver el proceso del chocolate. ¡Estaba muy emocionada! Sobre todo porque también fue el Güero horchata. Pensaba en cuántas historias han sucedido en esos lugares mágicos, cuántas hadas, duendes y sirenas las habitaron, quién creó sus leyendas, lanzó hechizos y maldiciones en sus tierras.

Nos reunimos muy temprano en la plaza principal, acababa de salir el sol y el cielo estaba pintado de naranja, como en uno de esos cuadros de los museos. El Güero horchata se sentó cerquita de mí, y le preguntó a la maestra qué era ese ruido raro, como un montón de tambores, ella no supo qué responderle, ¡qué alivio!, porque los latidos de mi corazón podían delatarme. Cuando llegamos a la hacienda fue como viajar en el tiempo: había carretas junto a los tractores, pozos de un lado y una fuente del otro, animales libres por aquí y gallineros por allá, y al fondo el camino para ir a los cacaotales. El Güero horchata usaba sombrero, así el sol no podría quemarle las pecas, y yo tenía muchas ganas de correr descalza entre los sembradíos, pero me aguanté, otro día podría hacerlo.

El cacao siempre ha sido muy valioso, hace muuuuchos años los primeros pobladores lo usaban como moneda, era igual de importante que el oro. Y cuando llegaron los conquistadores, fue lo primero que se llevaron, el tesoro de nuestra tierra tropical, y aunque el chocolate más fino se coma en las tiendas europeas, nació aquí, de este lado del mar. ¿Ustedes lo sabían? Yo tampoco, por eso ahora me parece mucho más rico.

En la hacienda jugamos un juego muy divertido: escoger las mejores mazorcas de cacao. Hicimos equipos y ¡me tocó con el Güero horchata! Qué nervios, qué nervios, respira hondo, Carmela, o el latido de tu corazón va a hacer que se caigan todas las mazorcas. ¡Solo teníamos unos minutos para cumplir con la misión! Y como el Güero horchata era el mejor compañero, les ganamos a todos. Pero ahí no se terminaba el juego, nos enseñaron a extraer los granos y luego vimos cómo los tostaban para hacer chocolate, ¡ya empezaba a oler muy rico! Por eso dicen que el chocolate es el aroma del amor, ¿ustedes creen lo mismo?

Hay días en que todo el pueblo huele a cacao tostado, a chocolate y reuniones familiares, y me gusta imaginarme que todos caemos en un encantamiento porque Comalcalco, al estar en una zona rodeada de ríos, calor y abundancia, tiene que conservar su magia. En la hacienda pasa lo mismo, se mezclan el aroma de la tierra mojada las tardes de lluvia con el del cacao en la tostadora, ¡y esa magia huele delicioso! La dueña de la hacienda nos dijo que el chocolate lleva un proceso muy largo de cuidado para poder transformarse.

—Como los sueños —dije en voz baja, pero los demás me oyeron—. A los sueños hay que cuidarlos para que también se transformen.

Por fin el chocolate había quedado listo. Lo tomamos caliente, frío, hicimos galletas de chocolate y lo mezclamos con nuez para darles forma de estrella, esos me recordaron la mirada brillante del Güero horchata. Yo guardé un poquito para llevármelo a mi casa, quería cocinar con mi mamá un postre muy chocolatoso, o una nueva receta de mole de esos que te manchan la ropa.

Al finalizar la tarde, cuando volvimos al pueblo, estaba muy cansada pero sucedió algo que todavía no puedo creer. El Güero horchata me dio un papelito doblado por la mitad, y al abrirlo, otra vez el tum-tum de mi corazón sonaba por todas partes: ¡El Güero horchata me invitó a tomar un helado! O a caminar por el parque. ¡La tierra hizo su encantamiento a través de los sabores y olores! ¡Qué nervios! Ustedes, que son expertos en el amor, ¿qué le responderían? ¿Piensan que fue la magia del cacao? Aquí tengo una hoja y un lápiz para escribir mi respuesta.

Carmela & Sal
cocina y querencia

EPÍLOGO
UNA INDUSTRIA COLECTIVA

En la industria restaurantera, ningún proyecto se sostiene en soledad. Una cocina puede nacer en la mente de uno, pero solo florece cuando muchos hombros la levantan día tras día.

Un restaurante no es únicamente recetas, insumos y clientes: es el esfuerzo silencioso y coordinado de quienes amasan al amanecer, sazonan con precisión, sirven con esmero y limpian hasta que el último rincón queda en orden.

Cada jornada es un tejido de manos y voluntades que laten al mismo ritmo, un engranaje humano donde cada función importa y se enlaza con la siguiente. Ahí, entre el cansancio y las celebraciones compartidas, el equipo deja de ser solo compañeros de trabajo y se convierte en familia elegida. Y es en esa complicidad donde se revela la verdadera receta del éxito: la certeza de que no solo creamos experiencias para nuestros comensales, sino también materializamos juntos los sueños que nos sostienen. En este recorrido, hay rostros y nombres que se han vuelto pilares. Personas que, con su constancia, han acompañado el crecimiento del proyecto desde sus primeros

pasos y que hoy son memoria viva de lo que hemos construido. Presentarlos no es solo un acto de reconocimiento, sino de gratitud.

En Carmela y Sal, casi todo pasa por las manos de Jorge Cruz, *Cookie*, con quien llevamos más de diez años trabajando. Chef del restaurante, es un hombre de energía inagotable y curiosidad viva, siempre dispuesto a aprender algo nuevo. Va un paso más rápido que todos, marcando el ritmo con exigencia, pero también con la comprensión de quien sabe guiar. Le gusta pasear y descubrir tanto como pueda. Con una mirada, nos podemos leer el pensamiento.

Valentín Estudillo, *Vale*, chef creativo, es quien comparte conmigo la generación de ideas. Es un hombre culto, curioso, con hambre de conocimiento. Estudia técnicas, investiga el trabajo de chefs en todo el mundo, lee sobre la historia de los alimentos y de las culturas, y todo ese bagaje se refleja en su manera de cocinar. Su ejecución no solo responde a la tradición, sino también a esa curiosidad que lo lleva a explorar lo desconocido. La cultura de origen marca nuestro oficio, pero la que elegimos absorber amplía nuestros horizontes, y Vale es ejemplo de ello.

Nadia Ruiz, *la Güera*, sous chef en Carmela y Sal, nos acompaña desde hace mucho tiempo. Su paladar es privilegiado y certero: cualquier platillo que pasa por sus manos resulta delicioso.

Y, además, ilumina la cocina con la mejor sonrisa, esa que no se agota ni en los días más intensos.

Rubén Hernández, *Huacalito*, jefe de partida, está con nosotros desde la apertura del restaurante. Conoce a la perfección el funcionamiento de la cocina y tiene bajo su responsabilidad la excelencia en los platos fuertes. Lo admiro porque ha sabido equilibrar el trabajo con la vida personal: su pasión por la música le recuerda que no todo es cocina. Sus mañanas siempre traen melodías que animan la producción, y sus abrazos transmiten la certeza de que, pase lo que pase, todo estará bien.

Carlos Javier, *Charly*, chef en Vuela Carmela, es un ejemplo de superación. Llegó desde un trabajo anterior bajo el sol, en condiciones duras y agotadoras. Al inicio entró como lavaplatos, único puesto disponible en aquel momento, pero su deseo de aprender lo llevó a crecer. Observaba en silencio lo que sucedía en la cocina, aprendía de los demás y, cuando se presentó la oportunidad, mostró que ya dominaba procesos. Su habilidad para cocinar, coordinar y orientar a sus compañeros lo convirtieron en un recetario viviente, con memoria prodigiosa y un corazón enorme.

Medel Magaña, *la Mamá*, chef en Vuelve Carmela, lleva una década con nosotros. Su apodo nació de una costumbre curiosa

—terminar sus frases diciendo "mamá"—, pero en realidad es su sazón el que la conecta con la sabiduría de otras vidas, como la de una abuela entrañable. Optimista y sonriente, su cocina transmite cariño y experiencia.

Froylán Mora, *Froy*, gerente de Carmela y Sal, también estuvo desde el inicio. Cuando parecía arriesgado abrir un restaurante de este tipo en una zona dominada por propuestas internacionales, él ayudó a marcar el camino. Brillante con los números, experto en logística y cuentas, es alguien que nunca pierde de vista la meta y hace lo imposible por alcanzarla.

Juan Carlos, *Juanqui*, gerente en Remolkito Valle, lleva 12 años con nosotros. Inteligente y analítico, es hábil para debatir con argumentos y se gana el respeto de todos porque lidera con el ejemplo. Su energía y entusiasmo contagian a cualquiera que comparta turno con él.

Mayra de la Cruz, *May*, gerente de Vuela Carmela, es una mujer para la que no existen imposibles. Podría dirigir un restaurante, construir un puente o salvar una especie en peligro de extinción con la misma determinación. Brava y valiente, pero también amorosa, ejerce su liderazgo con una fuerza maternal que inspira.

Gustavo Javier, *Gordito*, es pura bondad. Los comensales le traen regalos cuando regresan de un viaje largo, y todos sabemos por qué: su sonrisa desarma al más serio, su cariño alegra al más malhumorado. El tamaño de su corazón no se puede describir con palabras; se siente en cada gesto, en cada día compartido.

Sé que faltan muchos por mencionar, y a todos y cada uno los reconozco en cada logro de este enorme equipo, les agradezco darnos a Rafa y a mí apoyo y contención en los momentos difíciles. La familia de los distintos restaurantes y proyectos ha saltado de alegría cuando es momento de celebrar.

Los triunfos son de quien está en la cocina dejando el espacio impecable, de los colaboradores que le dan la bienvenida a un nuevo comensal o de quien es el rostro visible en las negociaciones y eventos pequeños y grandes.

He contado las historias de los restaurantes porque he tenido oportunidad de hacerlo, pero sé que cada uno de ellos puede contar estas y más. A cada uno de ustedes, los que han permanecido más de una década, los que se sumaron después, los que aprendieron desde abajo, los que llegaron con experiencia y los que proximamente vendrán, les debo no solo la continuidad del sueño, sino la certeza de que este oficio vale la pena cuando se comparte.

Gracias a ustedes que conocen los secretos de nuestras cocinas, que han aportado su presencia, trabajo y corazón para hacer que funcione, y si existiera un gran libro de la gastronomía tendría que tomar las memorias de nuestros equipos, porque ellos son el corazón y el motor de la cocina, desde la tierra y sus insumos hasta la sonrisa al decirle adiós al comensal.

CARMELA Y SAL

Ya casi se acaban las vacaciones y esta vez habrá un regalo.

Cambiaremos la cocina, llena de cazuelas y comales, del fogón de mi abuelita, las cucharas de mi mamá y la enorme olla que parece un caldero, por un lugar un poco más lejano: visitaré el mar. Estoy muy feliz porque cada vez que llovía y el agua corría por las calles de mi pueblo, me imaginaba viajando en ese barquito de papel de un lado a otro, y ahora lo haré en medio de las olas, con el viento cálido soplando y el sol encima de mí. ¡No puedo dormir de la emoción!

Cuando por fin llega el día y amanecemos en el mar, todo es increíble. Mi mamá me dice que no me vaya muy hondo porque no sé nadar lo suficiente, y ahí no tendré la ayuda de la sirena del río, ¿ustedes saben si las sirenas que cuidan el pantano y los manglares también van de visita al mar? Mejor me quedo cerca de la orilla, haciendo castillos de arena, viendo cómo los cangrejitos van de un lugar a otro. Pero lo que más me gusta de este viaje es que todo se convierte en sal: el agua de las olas, el viento, los granitos que se me quedan en el pelo. ¡Amo la sal! Es blanca como la nieve y cada vez que la pruebas hace que tu gusto se despierte, que la comida sepa mejor y hasta lo dulce tenga un sabor más rico. No puedo imaginarme un mundo en el que a mis taquitos les falte sal, o la comida sea simple porque alguien olvidó ponérsela, porque la sal es la mejor amiga de cualquier ingrediente.

En la playa puedo ver de todo: desde estrellas de mar hasta peces chiquitos y otros muy grandes, y también se come muy rico: los taquitos de pescado con limón, el pulpo bien cocido como el que prepara mi amigo Aquiles, las tostaditas de jaiba, que se parecen a las de cangrejo pero ya me dijeron que no son lo mismo. ¿Y si yo preparo unas tostadas de algo que parezca carne pero no lo sea? Mmm, no sé, tendría que pensar muy bien qué puede ser una carnita de mentiras. Los camarones van bien con todo, en sopa, cocteles y hasta ¡coco! Siempre con algo de picante y mucha, mucha sal.

Es muy curioso que nosotros también tenemos sal en el cuerpo, en el sudor y las lágrimas, como me explicó mi papá, porque la sal también nos mantiene vivos y el organismo la necesita. La sal entra a nuestro cuerpo a través de los alimentos y por eso me encanta cocinar con ella y ¿te cuento algo?, el polvo para las hadas también tiene su toquecito de sal. Desde que lo supe me acordaré de ellas cuando le ponga una pizca a las recetas que invente porque cualquier bocado necesita una cucharada de fantasía.

Por la noche, en la playa se veían tooodas las estrellas alrededor de la Luna, como si fueran granos de sal en el cielo oscuro. ¿Qué tan difícil será alcanzar una de ellas? Ya lo veremos, todavía queda mucho tiempo para descubrirlo. Como sé que las estrellas están allá arriba muy lejos, los granitos de sal pueden ser las de la Tierra, cerca de mi mano, siempre entre mis dedos en mi comida favorita; las del cielo iluminan la noche y la sal hará que los platillos de la mesa siempre resplandezcan.

Me voy feliz de haber visto las olas ir y venir desde lo más hondo hasta la orilla, de escuchar el sonido del mar en un caracol enorme y descubrir unos cuantos de sus secretos, de asomarme al fondo y ver los corales, que son como nuestros árboles y flores pero con muchos colores y formas, y por abrir la boca y sentir el sabor salado en el viento. A partir de ahora, la sal será mi amuleto de buena suerte, me acompañará a todas partes y nunca me olvidaré de ella, como no se me olvida mi nombre. ¿Qué tal se oye Carmela y Sal?

AGRADECIMIENTOS

Martina ya duerme. Comienzo a escribir y estoy cayendo en cuenta de que estas son las últimas palabras que plasmaré en esta mágica vivencia que ha sido escribir un libro. No puedo evitar sentir nostalgia, ya que ha sido de las mejores experiencias de mi vida. Qué mejor que sea dando gracias a todas y cada una de las personas que lo han hecho posible. No hay palabras que alcancen para agradecer este momento.

Quiero empezar por agradecer a Eduardo Flores de Penguin Random House, por haber confiado en mi trabajo y permitirme contar mi historia; por tu calidez, calidad humana y paciencia inagotable.

A Amalia Ángeles por el diseño tan hermoso que hizo para este libro.

A Laura por acompañarme en este proceso.

A todas y cada una de las personas que han formado parte de la familia Carmela y Sal, Vuela Carmela y Vuelve Carmela. Este libro es gracias a ustedes.

Agradezco con todo el corazón a mi papá, por ser mi pilar y mi soporte durante toda mi vida; a mi mamá, por su cariño y comprensión; a mis hermanos, en especial a Pony, que siempre ha estado conmigo, desde niñas siendo la mejor compañera de juegos.

A mis queridos socios que han estado en los momentos buenos, pero sobre todo en los más difíciles. Son los mejores. Les viviré eternamente agradecida.

A Marina por emocionarse por este libro junto conmigo y leer tantas veces el manuscrito.

A Martha Ortiz, Fernanda Prado, Jesús Escalera, Carlos Gaytán, Sofía Sada, Paulina Abascal, Catalina García, gracias por sus enseñanzas, consejos y apoyo en tantos momentos a lo largo de conocerles y de este libro.

Por supuesto a Rafa, mi esposo, quien comenzó con esta historia y confió en mí cuando ni yo misma sabía que podía hacerlo. Y por último a nuestra hija Martina que llegó a pintar nuestro mundo de color, darle todo el sabor y llenar nuestra vida de alegría.

Escanea los códigos QR
con tu aplicación de Spotify y escucha
la música con la que cocina Gaby Ruiz.